中华人民共和国行业标准

公路工程岩石试验规程

Test Methods of Rock for Highway Engineering

JTG E41—2005

主编单位:中交第二公路勘察设计研究院
批准部门:中华人民共和国交通部
实施日期:2005 年 08 月 01 日

人民交通出版社股份有限公司

图书在版编目(CIP)数据

公路工程岩石试验规程：JTG E41—2005 / 中交第二公路勘察设计研究院主编. — 北京：人民交通出版社股份有限公司, 2017.4

ISBN 978-7-114-13351-0

Ⅰ.①公⋯ Ⅱ.①中⋯ Ⅲ.①道路工程—岩石试验—试验规程—中国 Ⅳ.①U41-65

中国版本图书馆 CIP 数据核字(2016)第 229331 号

标准类型：中华人民共和国行业标准
标准名称：**公路工程岩石试验规程**
标准编号：JTG E41—2005
主编单位：中交第二公路勘察设计研究院
出版发行：人民交通出版社股份有限公司
地　　址：(100011)北京市朝阳区安定门外外馆斜街 3 号
网　　址：http://www.ccpress.com.cn
销售电话：(010) 59757973
总 经 销：人民交通出版社股份有限公司发行部
经　　销：各地新华书店
印　　刷：北京市密东印刷有限公司
开　　本：880×1230　1/16
印　　张：4
字　　数：77 千
版　　次：2017 年 4 月　第 1 版
印　　次：2023 年 12 月　第 10 次印刷
书　　号：ISBN 978-7-114-13351-0
定　　价：30.00 元

(有印刷、装订质量问题的图书，由本公司负责调换)

中华人民共和国交通部
公 告

第3号

关于发布《公路工程水泥及水泥混凝土试验规程》（JTG E30—2005）、《公路工程岩石试验规程》（JTG E41—2005）、《公路工程集料试验规程》（JTG E42—2005）的公告

现发布《公路工程水泥及水泥混凝土试验规程》（JTG E30—2005）、《公路工程岩石试验规程》（JTG E41—2005）和《公路工程集料试验规程》（JTG E42—2005），自2005年8月1日起施行。原《公路工程水泥混凝土试验规程》（JTJ 053—94）、《公路工程石料试验规程》（JTJ 054—94）和《公路工程集料试验规程》（JTJ 058—2000）同时废止。

《公路工程水泥及水泥混凝土试验规程》（JTG E30—2005）与《公路工程集料试验规程》（JTG E42—2005）由交通部公路科学研究所主编，《公路工程岩石试验规程》（JTG E41—2005）由中交第二公路勘察设计研究院主编。规程的管理权和解释权归交通部，日常的具体解释和管理工作由主编单位负责。

请各有关单位在实践中注意积累资料，总结经验，及时将发现的问题和修改意见函告规程主编单位（交通部公路科学研究所，北京市海淀区西土城路8号，邮政编码：100088；中交第二公路勘察设计研究院，武汉市汉阳区鹦鹉大道498号，邮政编码：430052），以便修订时参考。

特此公告。

中华人民共和国交通部
二〇〇五年三月三日

前　言

《公路工程石料试验规程》(JTJ 054—94)(以下简称原《规程》)自 1994 年实施以来,在我国公路建设中得到了广泛的应用,并发挥了积极的作用。近几年来,公路基础设施建设规模越来越大,公路工程遇到的地质问题越来越复杂,迫切要求我们进一步完善和发展岩土工程的测试技术。通过科学地试验鉴定岩石的质量和各项技术指标,达到合理地选择与使用岩石,以及更加深入地认识岩体介质在复杂环境中的力学特性,以保证工程的安全、经济、合理。

公路工程与岩土工程关系密切,不是修建在岩土上,就是修建在岩土之中,或是以土或者岩石作为建筑材料。从这方面讲,原《规程》主要是考虑将岩石用于建筑材料,而作为建筑材料的石料,它的技术性质大都可通过《公路工程集料试验规程》获得。因此测试岩石固有的物理、力学性质应是本《规程》的定位方向,故将原《规程》改名为《公路工程岩石试验规程》,以适应公路建设发展的需要。

《公路工程岩石试验规程》主要有两个方面的目的,一是要为勘测设计阶段的工程地质评价和各类工程的地基基础设计提供参数和资料,二是要为施工阶段的实体工程选用符合质量要求的石料提供依据。故本次修订将通过测试岩石的物理、力学性质来判断岩体的工程性质,待条件成熟后,增加岩体的现场测试。

本次修订的主要内容有:

——在毛体积密度试验中,增加量积法和孔隙率的指标计算,删除了原《规程》中单列的孔隙率试验这项内容。

——在吸水率试验中,将吸水率试验和饱和吸水率试验合在一起,强调吸水的条件不同。

——在单轴抗压强度试验中增加高径比为 2 的圆柱体试件、70mm × 70mm × 70mm 立方体试件的力学性能试验以及软化系数的试验及指标计算。

——简化岩石"抗压静弹性模量试验"的三种方法。

——岩石抗剪强度试验方法由变角板剪切修订为直剪法。

——增加岩石的膨胀性试验和耐崩解性试验。

——删除了与《公路工程集料试验规程》中重复的磨耗试验。

——删除了公路工程石料技术标准。

本规程由中交第二公路勘察设计研究院负责解释。希望各单位在使用中注意总结经验,在执行中有何意见和建议,请及时函告中交第二公路勘察设计研究院,地址:武汉市鹦鹉大道 498 号,邮政编码:430052,电话、传真:(027)84513267,电子邮件:xsongl@163.com。

主编单位:中交第二公路勘察设计研究院
参编单位:武汉理工大学
主要起草人:谢松林　陈友治　汪继泉

目　次

1 总则 ··· 1
2 术语和符号 ··· 2
  2.1 术语 ··· 2
  2.2 符号 ··· 3
3 物理性质试验 ·· 5
  T 0201—1994 岩石学简易鉴定 ·· 5
  T 0202—2005 含水率试验 ·· 9
  T 0203—2005 密度试验 ··· 11
  T 0204—2005 毛体积密度试验 ··· 13
  T 0205—2005 吸水性试验 ·· 18
  T 0206—2005 膨胀性试验 ·· 20
  T 0207—2005 耐崩解性试验 ··· 24
4 力学性质试验 ·· 27
  T 0221—2005 单轴抗压强度试验 ·· 27
  T 0222—2005 单轴压缩变形试验 ·· 30
  T 0223—1994 劈裂强度试验 ··· 34
  T 0224—2005 抗剪强度(直剪)试验 ··· 36
  T 0225—1994 点荷载强度试验 ·· 40
  T 0226—1994 抗折强度试验 ··· 46
5 耐久性试验 ··· 48
  T 0241—1994 抗冻性试验 ·· 48
  T 0242—1994 坚固性试验 ·· 50
附录　洁净水的密度 ·· 53

1 总　　则

1.0.1 为统一公路工程岩石试验方法，制定本规程。

1.0.2 本规程适用于公路工程中的路基、路面、桥涵及隧道等工程的岩石试验。

1.0.3 用于本规程试验的仪器应经国家有关检测机构认定合格并符合本规程要求。

1.0.4 岩石试验对象应具有地质代表性，岩石试验内容、试验方法、技术条件等应符合公路工程勘测、设计、施工的基本要求和特性。对岩体应力、变形等特性的试验应按国家现行的有关标准的规定进行。

2 术语和符号

2.1 术语

2.1.1 岩石 rock

在各种地质作用下,按一定方式结合而成的矿物集合体,它是构成地壳及地幔的主要物质。

2.1.2 含水率 water content

岩石试样在105℃~110℃温度下烘至恒量时所失去的水的质量与试件干质量的比值,以百分数表示。

2.1.3 密度 density

在规定条件下,烘干岩石矿质单位体积(不包括开口与闭口孔隙体积)的质量。

2.1.4 毛体积密度 gross volume density

在规定条件下,烘干岩石包括孔隙在内的单位体积固体材料的质量。

2.1.5 孔隙率 percentage of porosity

岩石孔隙体积占岩石总体积(包括孔隙体积在内)的百分率。

2.1.6 吸水率 water absorption

在规定条件下,岩石试样最大的吸水质量与烘干岩石试件质量之比,以百分率表示。

2.1.7 饱和吸水率 water absorption under saturated

在强制条件下,岩石试样最大的吸水质量与烘干岩石试件质量之比,以百分率表示。

2.1.8 软化系数 softening coefficient

岩石试件在饱和状态下单轴抗压强度与其干燥状态下单轴抗压强度的比值。

2.1.9 单轴抗压强度 uniaxial compressive strength

岩石试件抵抗单轴压力时保持自身不被破坏的极限应力。

2.1.10 弹性模量　modulus of elasticity

岩石试件在弹性极限内应力与应变的比值。

2.1.11 泊松比　poisson's ratio

岩石试件轴向受力时,横向应变与纵向应变之比。

2.1.12 劈裂强度　splitting strength

岩石试件在直径方向上对称且均匀施加沿纵轴向的压力时,能承受的最大压应力。

2.1.13 抗剪强度　shearing strength

岩石试件在剪切面上所能承受的极限剪应力。

2.1.14 点荷载强度指数　point load strength index

点荷载试验岩石试件压裂时所施加的荷载除以两锥头间距的平方。

2.1.15 抗折强度　folding strength

岩石试件在荷载作用下受弯至折断所产生的极限弯曲应力。

2.1.16 抗冻性　frost resistance

岩石试样在饱和状态下,抵抗反复冻结和融化的性能。

2.2 符　号

符号	意义		符号	意义
w	含水率		n	孔隙率
m	试件(或试样)质量		w_a	吸水率
V	试件体积		w_{sa}	饱和吸水率
A	试件面积		K_w	饱水系数
$H(h)$	试件高(厚)度		V_H	轴向自由膨胀率
ρ_t	密度(颗粒密度)		V_D	径向自由膨胀率
ρ_0	毛体积(块体)密度	天然密度	V_{HP}	侧向约束膨胀率
ρ_s		饱和密度	P_s	膨胀压力
ρ_d		干密度	I_d	耐崩解指数

(续)

符号	意 义	符号	意 义
R	单轴抗压强度	φ	摩擦角
K_p	软化系数	I_s	未修正的点荷载强度指数
E	弹性模量	$I_{s(50)}$	修正后的点荷载强度指数
μ	泊松比	$I_{a(50)}$	点荷载强度各向异性指数
σ_t	劈裂强度	R_b	抗折强度
τ	剪应力	L	冻融质量损失率
σ	法向应力	K_f	冻融系数
ε	应变	Q	硫酸钠浸泡质量损失率
c	凝聚力		

3 物理性质试验

T 0201—1994 岩石学简易鉴定

1 目的和适用范围

本方法适用于借助常规工具和试剂做简单试验,通过肉眼观察,鉴定公路工程岩样的岩石特征,其目的在于确定岩石的名称或类别。

2 仪器设备

(1)铁锤。
(2)硬度计或其它检验硬度用的工具(如手指甲、铁刀刃、钢刀刃、玻璃片等)。
(3)放大镜或显微镜。

3 试剂

稀盐酸:浓度10%。

4 试样

为了获得有代表性的岩石样品,野外工作期间要选择的标本数不少于3个。对于不规则试样,样品规格为体积不小于 $100 cm^3$ 的近似立方体,并应除掉松动部分和表面附着物。

5 试验步骤

5.1 用铁锤敲击岩石试样,使之出现新鲜断面。

5.2 通过肉眼,同时借助放大镜或显微镜仔细观察新鲜断面的岩石结构和构造,注重观察其节理、裂隙、结晶程度、矿粒大小、胶结物等特征结构,并作描述。

5.3 用硬度计或其它检验硬度用的工具在新鲜断面上进行划痕试验,以确定岩石的硬度。

硬度对比的标准从软到硬依次由下列10种矿物组成:①滑石;②石膏;③方解石;④萤石;⑤磷灰石;⑥正长石;⑦石英;⑧黄玉;⑨刚玉;⑩金刚石。

5.4 在新鲜断面上滴几滴稀盐酸,观察滴酸的岩石部位表面变化,如有无泡沫产生等。

5.5 分析岩石的矿物组成和结构,确定岩石名称或类别。

6 结果整理

按下列岩石学鉴定记录(表 T0201-1)所列项目进行岩相描述,并根据岩相特征确定岩石名称或类别。

表 T0201-1 岩石学鉴定记录

	工程项目				
	岩石产地				
	岩石用途				
	试样编号				
岩相描述		颜色			
		构造			
	结构	结晶程度			
		矿粒大小			
		胶结物			
		特征结构			
	矿物成分	重要的			
		次要的			
		次生的			
	风化情况	矿物光泽			
		矿物变化			
		风化程度			
	结论				

试验: 年 月 日　　　　　　　　　　　　　　　　复核: 年 月 日

条文说明

岩石学鉴定是岩石实验室试验内容之一。岩石的物理、力学性质,很大程度上决定于岩石的矿物组成、岩石结构和构造;而岩石的物理、力学性质又直接影响岩体的工程性质。在公路工程中,岩石通过岩石学鉴定，能获得与岩石物理力学性质有关而用宏观鉴定又无法获得的岩石矿物组成、粒度和结构等参数，因而能较好地补充描述岩石物理与力学性质指标或参数，更加全面地判断该岩石的适用性。事实上经验丰富的工程技术人员具有很好的综合、判断能力，能运用自己积累的知识、经验进行综合分析与工程决策。正因为如此，目前的许多岩体工程，即使是在做了大量的计算和分析之后，仍然要靠工程经验进行决策。很多工程设计是靠这些专家经验的类比作出的。

公路工程岩石学鉴定的主要内容包括：岩石的颜色、岩石学构造（矿物空间排列及空间充填关系）、结构（矿物的结晶程度、大小形态及相互关系）、矿物组成（主要和次要的造岩矿物）等。同时，还应描述岩石风化情况（矿物光泽、矿物变化及风化程度）。岩石的分类正是依据上述鉴定结果来决定的。

矿物的硬度是指矿物抵抗刻划、压入或研磨能力的大小。它是矿物物理性质中比较固定的性质之一，因而也是矿物的一个重要鉴定特征。在矿物的肉眼鉴定工作中，通常用刻划的方法来测定被鉴定矿物的硬度。度量时，用由下列 10 种矿物（表 T0201-2）的硬度构成的摩氏硬度计作为硬度等级的标准。其它矿物的硬度是与摩氏硬度计中的标准矿物互相刻划，相比较来确定的。例如，黄铁矿能轻微刻伤正长石，但不能刻伤石英，而本身却能被石英所刻伤，因此，黄铁矿的摩氏硬度为 6~6.5。矿物学中一般所列的硬度都是摩氏硬度。在野外工作中，用摩氏硬度计中的矿物作为比较标准有时不够方便，因此，常借用指甲（硬度大于 2）、铜具（硬度 3）、小刀（硬度 5~5.5）、瓷器碎片（硬度 6~6.5）等代替标准硬度的矿物来帮助测定被鉴定矿物的硬度。在测矿物硬度时，必须在纯净、新鲜的单个矿物晶体（晶粒）上进行。刻划时，用力要缓而均匀，力戒刻掘，如有打滑感，表明被刻矿物的硬度大；若有阻涩感，表明被刻矿物的硬度小。

表 T0201-2　摩氏硬度计

矿物名称	滑石	石膏	方解石	萤石	磷灰石	正长石	石英	黄玉	刚玉	金刚石
摩氏硬度	1	2	3	4	5	6	7	8	9	10

常用的岩石学鉴定方法就是根据岩石的外观特征，借助简单工具和试剂（如放大镜、显微镜、硬度计、铁刀刃、钢刀刃、玻璃片、稀盐酸等），凭肉眼观察研究岩石的岩相结构与性质，从而有效地鉴定岩石的矿物组成、结构和构造，进而确定岩石名称或类别的一种简单鉴定方法。

第一，可根据岩石的产状，特殊的结构、构造，主要的或特殊的物质成分来区分岩浆岩、沉积岩和变质岩三大类岩石。

第二，如果确定了是岩浆岩，则可根据颜色（矿物成分）和结构、构造决定岩石名称。因为在岩浆岩中，深色岩石含铁镁矿物多，多属基性或超基性岩类；如果颜色浅，则主要是硅铝矿物，一般为中性岩类或酸性岩类。然后，根据结构、构造，可确定其生成环境，这样就可以把岩浆岩类岩石区分开了。

第三，如果确定了是沉积岩，则先根据胶结物的有无，把碎屑岩和化学岩、生物化学岩区分开。如果是碎屑岩，则应根据碎屑的大小分出砾岩（角砾岩）、砂岩或黏土岩；而如果是化学岩或生物化学岩，则可用稀盐酸鉴别：岩石起泡者为石灰岩，粉末起泡者为白云岩，起泡后留下土状斑点者为泥灰岩。

第四，如果确定是变质岩，则应根据构造进一步划分，在定向构造岩石中，具片理状构造的为片岩或千枚岩，具片麻状构造的为片麻岩，而如果是厚板状的，则为板岩。在块状构造的岩石中，滴稀盐酸起泡者为大理岩，不起泡者为石英岩。

岩石通过岩石学鉴定，进行岩相描述，不但能正确地确定岩石名称，还有助于分析和掌握使用各项试验数据,三大类岩石的主要区别见表 T0201-3。表 T0201-4 列出了几种典型岩石的鉴定描述示例,供试验人员参考。

表 T0201-3 三大类岩石的主要区别

特 征	岩浆岩	沉积岩	变质岩
矿物成分及其特征	组成岩浆岩的矿物以硅酸盐矿物为主,其中最多的是长石、石英、黑云母、角闪石、辉石、橄榄石等,其中颜色较浅的,称浅色矿物,因以二氧化硅和钾、钠的铝硅酸盐类为主,又称硅铝矿物,如石英、长石等;其中颜色较深的,称暗色矿物,因以含铁、镁的硅酸盐类为主,又称铁镁矿物,如黑云母、角闪石、辉石、橄榄石等	组成沉积岩的矿物成分约有160余种,但比较重要的仅有20余种,如石英、长石、云母、粘土矿物、碳酸盐矿物、卤化物及含水氧化铁、锰、铝矿物等。在一般沉积岩中矿物成分不过1~3种,很少超过5~6种	组成变质岩的矿物成分,按其成因可分为: ①新生矿物(变晶矿物):在变质作用过程中新生成的矿物。如粘土岩经过变质后生成的红柱石。 ②原生矿物:在变质作用过程中保留下来的原岩中的稳定矿物。如云英岩中的一部分石英就是花岗岩在云英岩化过程中保留下来的原生矿物。 ③残余矿物:在变质作用过程中残留下来的原岩中的不稳定矿物,如花岗岩在云英岩化过程中残留有不稳定的长石
结构和构造	①具粒状、玻璃、斑状结构,气孔、杏仁、块状等构造; ②除喷出岩外,没有层状、片状等构造	①结构复杂,因形成环境而异; ②具层理,在层面上有波痕	①具有片理; ②板状、片状、片麻状构造,结晶质结构; ③砾石及晶体因受力可能变形

表 T0201-4 岩石特征描述示例

		颜 色	浅红色	深灰色	冰黄色	浅灰色	灰黑色
		构造	块状	层状	块状	气孔状	气孔状
岩相描述	结构	结晶程度	全晶质	—	完全	隐晶质	
		矿粒大小	0.2mm~2.0mm	—	2.0mm~5.0mm	<1.0mm	<1.0mm
		胶结物	—	碳质	硅质	—	—
		特征结构	花岗状	密致状	—	斑状	密致状
	矿物成分	重要的	正长石、黑云母	方解石	石英	斜长石、角闪石	斜长石、辉石
		次要的	—	—	—	—	—
		次生的	—	—	—	—	—
	风化情况	矿物光泽	光采	—	玻璃光泽	玻璃光泽	玻璃光泽(黯淡)
		矿物变化	无显著变化	无变化	—	—	—
		风化程度	新鲜	略经风化	轻度风化	轻度风化	略经风化
		结论	细粒花岗岩	微晶石灰岩	中粒石英砂岩	安山岩	玄武岩

T 0202—2005 含水率试验

1 目的和适用范围

岩石含水率试验用于测定岩石在天然状态下的含水率。岩石的含水率可间接地反映岩石中空隙的多少、岩石的致密程度等特性。

本试验采用烘干法。对于不含结晶水矿物的岩石烘干温度为105℃~110℃;对于含结晶水矿物的岩石温度宜控制在60℃±5℃下进行测定。

2 仪器设备

(1)烘箱:能使温度控制在105℃~110℃范围,最低控温能满足60℃±5℃。
(2)干燥器:内装氯化钙或硅胶等干燥剂。
(3)天平:感量0.01g。
(4)称量盒。

3 试样制备

3.1 保持天然含水率的试样应在现场采取,严禁用爆破或湿钻法。试样在采取、运输、储存和制备过程中,含水率变化不应超过1%。

3.2 试件尺寸应大于组成岩石最大颗粒的10倍,每个试件质量一般不小于40g,不大于200g。每组试样的数量不宜少于5个。

3.3 应记录描述岩石名称、颜色、矿物成分、结构、构造、风化程度、胶结物性质及为保持试样含水状态所采取的措施等。

4 试验步骤

4.1 将制备好的试样放入已烘干至恒量的称量盒内,称烘干前的试样和称量盒的合质量(m_1)。本试验所有称量精确至0.01g。

4.2 将称量盒连同试样置于烘箱内。对于不含结晶水的岩石,应在105℃~110℃恒温下烘至恒量,烘干时间一般为12h~24h。对于含结晶水的岩石,应在60℃±5℃恒温下烘至恒量,烘干时间一般为24h~48h。

4.3 将称量盒从烘箱中取出,放入干燥器内冷却至室温,称烘干后的试样和称量盒的合质量(m_2)。

5　结果整理

5.1 按式(T0202-1)计算岩石含水率：

$$w = \frac{m_1 - m_2}{m_2 - m_0} \times 100 \tag{T0202-1}$$

式中：w——岩石含水率(%)；

m_0——称量盒的干燥质量(g)；

m_1——试样烘干前的质量与干燥称量盒的质量之和(g)；

m_2——试样烘干后的质量与干燥称量盒的质量之和(g)。

5.2 以5个试样的算术平均值作为试验结果，计算精确至0.1%。

5.3 试验记录

含水率试验记录应包括岩石名称、试验编号、试样编号、试样描述、烘干前的试样和称量盒的合质量、烘干后的试样和称量盒的合质量、称量盒的干燥质量。

条文说明

由于岩石的特殊情况，除软岩以外，岩石的含水率一般都不是很大，且不同的含水率对其力学特性影响也不是很大。而对于软岩，由于岩石中含有的矿物成分中大部分都是粘土矿物，因此，含水率对其力学特性有很大的影响。

1.试样天然状态：含水率的测试方法简便，但不易获得准确结果。其原因主要是难于保持其天然含水率。要测得准确的岩石含水率，就要注意采样方法，并在试样取好后，立刻包装封蜡密封好，尽快送实验室测试。

2.试样尺寸：为了测准岩石含水率，必须选取一定块度的有代表性的试样。本规程规定每个试件质量不小于40g，每组试件的数量不宜少于5个，与国家标准一致，这是起码的要求。一般选用大块的为宜，若岩块太小，则难以测准岩石含水率。

3.烘干试样标准：目前各规程中有时间控制和质量控制两种规定。用时间控制时，有的规程规定在105℃~110℃下烘12h，有的规定在上述温度下烘24h。用质量控制时，规定在上述温度下烘至恒量。对于恒量，又有两种解释：一种认为两次称量之差不超过0.05g，即达到恒量；另一种规定相邻24h两次称量之差不超过后一次称量的0.1%。后者考虑了试样质量与时间的因素，因此后一种规定比较合理。为了研究试样烘干与时间的关系，不少单位进行了比较试验，试样在20h以内，已全部达到恒量。为逐步求得统一，本规程规定在105℃~110℃下烘12h~24h作为试样烘干的标准。除岩石(颗粒)密度试验外，本规程其它物理力学性质试验均可将上述规定，作为烘干标准。

4.结晶水：岩石中的结晶水以H_2O分子形式并按一定比例和其它成分组成矿物晶格，如石膏($CaSO_4 \cdot 2H_2O$)含2个结晶水。结晶水在一定热力条件下可以脱水，脱水后矿物晶格结构也破坏了，随之矿物的物理性质也改变了。如石膏加热至100℃~120℃水分开始逸出，变为性质不同的熟石膏。不同的含结晶水矿物，其失水温度是一定的，一般为100℃~200℃。

T 0203—2005 密度试验

1 目的和适用范围

岩石的密度(颗粒密度)是选择建筑材料、研究岩石风化、评价地基基础工程岩体稳定性及确定围岩压力等必需的计算指标。

本法用洁净水做试液时适用于不含水溶性矿物成分的岩石的密度测定,对含水溶性矿物成分的岩石应使用中性液体如煤油做试液。

2 仪器设备

(1)密度瓶:短颈量瓶,容积100mL。
(2)天平:感量0.001g。
(3)轧石机、球磨机、瓷研钵、玛瑙研钵、磁铁块和孔径为0.315mm(0.3mm)的筛子。
(4)砂浴、恒温水槽(灵敏度±1℃)及真空抽气设备。
(5)烘箱:能使温度控制在105℃~110℃。
(6)干燥器:内装氯化钙或硅胶等干燥剂。
(7)锥形玻璃漏斗和瓷皿、滴管、中骨匙和温度计等。

3 试样制备

取代表性岩石试样在小型轧石机上初碎(或手工用钢锤捣碎),再置于球磨机中进一步磨碎,然后用研钵研细,使之全部粉碎成能通过0.315mm筛孔的岩粉。

4 试验步骤

4.1 将制备好的岩粉放在瓷皿中,置于温度为105℃~110℃的烘箱中烘至恒量,烘干时间一般为6h~12h,然后再置于干燥器中冷却至室温(20℃±2℃)备用。

4.2 用四分法取两份岩粉,每份试样从中称取15g(m_1),精确至0.001g(本试验称量精度皆同),用漏斗灌入洗净烘干的密度瓶中,并注入试液至瓶的一半处,摇动密度瓶使岩粉分散。

4.3 当使用洁净水作试液时,可采用沸煮法或真空抽气法排除气体。当使用煤油作试液时,应采用真空抽气法排除气体。采用沸煮法排除气体时,沸煮时间自悬液沸腾时算起不得少于1h;采用真空抽气法排除气体时,真空压力表读数宜为100kPa,抽气时间维持1h~2h,直至无气泡逸出为止。

4.4 将经过排除气体的密度瓶取出擦干,冷却至室温,再向密度瓶中注入排除气体且同温条件的试液,使接近满瓶,然后置于恒温水槽(20℃±2℃)内。待密度瓶内温度稳定,上部悬液澄清后,塞好瓶塞,使多余试液溢出。从恒温水槽内取出密度瓶,擦干瓶外水分,立即称其质量(m_3)。

4.5 倾出悬液,洗净密度瓶,注入经排除气体并与试验同温度的试液至密度瓶,再置于恒温水槽内。待瓶内试液的温度稳定后,塞好瓶塞,将逸出瓶外试液擦干,立即称其质量(m_2)。

5 结果整理

5.1 按式(T0203-1)计算岩石密度值(精确至0.01g/cm³):

$$\rho_t = \frac{m_1}{m_1 + m_2 - m_3} \times \rho_{wt} \tag{T0203-1}$$

式中:ρ_t——岩石的密度(g/cm³);

m_1——岩粉的质量(g);

m_2——密度瓶与试液的合质量(g);

m_3——密度瓶、试液与岩粉的总质量(g);

ρ_{wt}——与试验同温度试液的密度(g/cm³),洁净水的密度由附录查得,煤油的密度按式(T0203-2)计算:

$$\rho_{wt} = \frac{m_5 - m_4}{m_6 - m_4} \times \rho_w \tag{T0203-2}$$

m_4——密度瓶的质量(g);

m_5——瓶与煤油的合质量(g);

m_6——密度瓶与经排除气体的洁净水的合质量(g);

ρ_w——经排除气体的洁净水的密度(由附录查得)(g/cm³)。

5.2 以两次试验结果的算术平均值作为测定值,如两次试验结果之差大于0.02g/cm³时,应重新取样进行试验。

5.3 试验记录

密度试验记录应包括岩石名称、试验编号、试样编号、试液温度、试液密度、烘干岩粉试样质量、瓶和试液合质量以及瓶、试液和岩粉试样总质量、密度瓶质量。

条文说明

1.岩石的物理常数是岩石矿物组成结构状态的反映,它与岩石的技术性质有着密切的联系。岩石可由各种矿物形成不同排列的各种结构,但是从质量和体积的物理观点出发,岩石的内部组成结构主要是由矿物实体和孔隙(包括与外界连通的开口孔隙和不与外界连通的闭口孔隙)所组成。在成岩过程中,由于地质环境使岩石所受动力地质作用的程度不同,致使岩石含有不同的矿物成分以及不同风化程度的矿物。这些不同的矿物所组成的岩石,将影响其密度值的大小。含密度较大的矿物,岩石的密度也就相应比较大。例如,基性岩和超基性岩,比较突出的是辉绿岩,其密度要比一般岩石的密度大。而酸性岩石,例如花岗岩,其密度较小。

2.由于已废除比重一词,因此本试验方法把比重瓶一词统一改称为密度瓶。

3.试验方法的选择。岩石颗粒密度的测定,常采用水中称量法和密度瓶法。水中称量法可用不规则试件,操作简便,但由于水不可能完全充满岩石中的闭合裂隙,致使水中称量法测定的颗粒密度略偏小。本规程选用密度瓶法,与原规程相比:一是取消了50mL短颈量瓶,并且用100mL短颈量瓶替代李氏量瓶进行含水溶性矿物成分的岩石的密度试验;二是使用煤油作试液时,规定采用真空抽气法排除气体,严禁用煮沸法,以防因热挥发燃烧,污染环境,也达不到排气的目的。

4.试样的恒温条件应与测试条件相一致。密度瓶呈现极强的热胀冷缩性能,对温度的反应比较灵敏,密度瓶的校正逐渐被有些单位放弃使用,通常的做法是同时测试密度瓶+试样+试液的质量和以及密度瓶+试液的质量和,这就要求两次测量时温度保持一致,以减少测试环境温度的变化对测试值的影响。

5.室温:对于需要计量认证的标准实验室,温度范围应该限定,特别是 T 0203、T 0204 中对密度的测定,宜确定实验室温度控制在 20℃±2℃ 范围。

6.洁净水:一般指不含杂质的纯净水,有条件的实验室建议使用蒸馏水。

T 0204—2005 毛体积密度试验

1 目的和适用范围

岩石的毛体积密度(块体密度)是一个间接反映岩石致密程度、孔隙发育程度的参数,也是评价工程岩体稳定性及确定围岩压力等必需的计算指标。根据岩石含水状态,毛体积密度可分为干密度、饱和密度和天然密度。

岩石毛体积密度试验可分为量积法、水中称量法和蜡封法。

量积法适用于能制备成规则试件的各类岩石;水中称量法适用于除遇水崩解、溶解和干缩湿胀外的其它各类岩石;蜡封法适用于不能用量积法或直接在水中称量进行试验的岩石。

2 仪器设备

(1)切石机、钻石机、磨石机等岩石试件加工设备。
(2)天平:感量 0.01g,称量大于 500g。
(3)烘箱:能使温度控制在 105℃~110℃。
(4)石蜡及熔蜡设备。
(5)水中称量装置。
(6)游标卡尺。

3 试件制备

3.1 量积法试件制备,试件尺寸应符合本规程 T 0221 中 3.1 的规定。

3.2 水中称量法试件制备,试件尺寸应符合下列规定:试件可采用规则或不规则形状,试件尺寸应大于组成岩石最大颗粒粒径的 10 倍,每个试件质量不宜小于 150g。

3.3 蜡封法试件制备,试件尺寸应符合下列规定:将岩样制成边长约 40mm～60mm 的立方体试件,并将尖锐棱角用砂轮打磨光滑;或采用直径为 48mm～52mm 圆柱体试件。测定天然密度的试件,应在岩样拆封后,在设法保持天然湿度的条件下,迅速制样、称量和密封。

3.4 试件数量,同一含水状态,每组不得少于 3 个。

4 量积法试验步骤

4.1 量测试件的直径或边长:用游标卡尺量测试件两端和中间三个断面上互相垂直的两个方向的直径或边长,按截面积计算平均值。

4.2 量测试件的高度:用游标卡尺量测试件断面周边对称的四个点(圆柱体试件为互相垂直的直径与圆周交点处;立方体试件为边长的中点)和中心点的五个高度,计算平均值。

4.3 测定天然密度:应在岩样开封后,在保持天然湿度的条件下,立即加工试件和称量。测定后的试件,可作为天然状态的单轴抗压强度试验用的试件。

4.4 测定饱和密度:试件的饱和过程和称量,应符合本规程 T 0205 相关条款的规定。测定后的试件,可作为饱和状态单轴抗压强度试验用的试件。

4.5 测定干密度:将试件放入烘箱内,控制在 105℃～110℃温度下烘 12h～24h,取出放入干燥器内冷却至室温,称干试件质量。测定后的试件,可作为干燥状态单轴抗压强度试验用的试件。

4.6 本试验称量精确至 0.01g;量测精确至 0.01mm。

5 水中称量法试验步骤

5.1 测天然密度时,应取有代表性的岩石制备试件并称量;测干密度时,将试件放入烘箱,在 105℃～110℃下烘至恒量,烘干时间一般为 12h～24h。取出试件置于干燥器内冷却至室温后,称干试件质量。

5.2 将干试件浸入水中进行饱和,饱和方法可依岩石性质选用煮沸法或真空抽气法。试件的饱和过程和称量,应符合本规程 T 0205 相关条款的规定。

5.3 取出饱和浸水试件,用湿纱布擦去试件表面水分,立即称其质量。

5.4 将试样放在水中称量装置的丝网上,称取试样在水中的质量(丝网在水中质量可事先用砝码平衡)。在称量过程中,称量装置的液面应始终保持同一高度,并记下水温。

5.5 本试验称量精确至 0.01g。

6 蜡封法试验步骤

6.1 测天然密度时,应取有代表性的岩石制备试件并称量;测干密度时,将试件放入烘箱,在 105℃～110℃下烘至恒量,烘干时间一般为 12h～24h,取出试件置于干燥器内冷却至室温。

6.2 从干燥器内取出试件,放在天平上称量,精确至 0.01g(本试验称量精度皆同此)。

6.3 把石蜡装在干净铁盆中加热熔化,至稍高于熔点(一般石蜡熔点在 55℃～58℃)。岩石试件可通过滚涂或刷涂的方法使其表面涂上一层厚度 1mm 左右的石蜡层,冷却后准确称出蜡封试件的质量。

6.4 将涂有石蜡的试件系于天平上,称出其在洁净水中的质量。

6.5 擦干试件表面的水分,在空气中重新称取蜡封试件的质量,检查此时蜡封试件的质量是否大于浸水前的质量。如超过 0.05g,说明试件蜡封不好,洁净水已浸入试件,应取试件重新测定。

7 结果整理

7.1 量积法岩石毛体积密度按下列公式计算:

$$\rho_0 = \frac{m_0}{V} \qquad (T0204\text{-}1)$$

$$\rho_s = \frac{m_s}{V} \qquad (T0204\text{-}2)$$

$$\rho_d = \frac{m_d}{V} \qquad (T0204\text{-}3)$$

式中：ρ_0——天然密度（g/cm³）；
　　　ρ_s——饱和密度（g/cm³）；
　　　ρ_d——干密度（g/cm³）；
　　　m_0——试件烘干前的质量（g）；
　　　m_s——试件强制饱和后的质量（g）；
　　　m_d——试件烘干后的质量（g）；
　　　V——岩石的体积（cm³）。

7.2 水中称量法岩石毛体积密度按下列公式计算：

$$\rho_0 = \frac{m_0}{m_s - m_w} \times \rho_w \quad (\text{T0204-4})$$

$$\rho_s = \frac{m_s}{m_s - m_w} \times \rho_w \quad (\text{T0204-5})$$

$$\rho_d = \frac{m_d}{m_s - m_w} \times \rho_w \quad (\text{T0204-6})$$

式中：m_w——试件强制饱和后在洁净水中的质量（g）；
　　　ρ_w——洁净水的密度（g/cm³），由附录查得。

7.3 蜡封法岩石毛体积密度按下列公式计算：

$$\rho_0 = \frac{m_0}{\dfrac{m_1 - m_2}{\rho_w} - \dfrac{m_1 - m_d}{\rho_N}} \quad (\text{T0204-7})$$

$$\rho_d = \frac{m_d}{\dfrac{m_1 - m_2}{\rho_w} - \dfrac{m_1 - m_d}{\rho_N}} \quad (\text{T0204-8})$$

式中：m_1——蜡封试件质量（g）；
　　　m_2——蜡封试件在洁净水中的质量（g）；
　　　ρ_N——石蜡的密度（g/cm³）。

7.4 毛体积密度试验结果精确至0.01g/cm³，3个试件平行试验。组织均匀的岩石，毛体积密度应为3个试件测得结果之平均值；组织不均匀的岩石，毛体积密度应列出每个试件的试验结果。

7.5 孔隙率计算
　　求得岩石的毛体积密度及密度后，用公式T0204-9计算总孔隙率n，试验结果精确至0.1%：

$$n = \left(1 - \frac{\rho_d}{\rho_t}\right) \times 100 \quad (\text{T0204-9})$$

式中：n——岩石总孔隙率，%；
ρ_t——岩石的密度(g/cm^3)。

7.6 试验记录

毛体积密度试验记录应包括岩石名称、试验编号、试件编号、试件描述、试验方法、试件在各种含水状态下的质量、试件水中称量、试件尺寸、洁净水的密度和石蜡的密度等。

条文说明

岩石的物理常数（颗粒密度、毛体积密度和孔隙率）不仅反映岩石的内部组成结构状态，而且能间接地反映岩石的力学性质（例如相同矿物组成的岩石，孔隙率愈低，其强度愈高）。尤其是岩石的孔结构，会影响其所轧制成的集料在水泥（或沥青）混凝土中对水泥浆（或沥青）的吸收、吸附等化学交互作用的程度。相对而言，块体密度较大的岩石比较致密，且岩石中所含的孔隙较少；反之，则表示岩石中所含的孔隙较多，岩石相对比较疏松。

在公路系统中，岩石毛体积（块体）密度试验，绝大多数单位采用水中称量法，少数用量积法，而蜡封法只在特殊情况下采用。上述三种方法各有明显的优点，水中称量法可以连续测定多种指标，但某些岩石受到限制；蜡封法适用于各种岩石和不规则试样，但测试技术较烦；量积法测试技术简易，但必须制备具有一定精度的规则试样。三种方法的测试成果，从理论上讲差别不大，在试样制备方法及精度要求得到全面解决以后，建议推广量积法。

岩石毛体积密度试验，目前还没有一种较理想的方法适用于所有的岩石试样，修订规程中仍保留了原规程方法，但应遵守本规程规定的适用范围和限制条件。

1.水中称量法。在试样制备精度没有得到全面解决之前，水中称量法已得到较为普遍的采用。它的优点是可同时测定毛体积（块体）密度、吸水率、饱和吸水率等物理指标，试验后（标准件）还可以作为饱水抗压强度试验的试样，但适应范围受到岩石类型的限制。同时，试验环境如温度和空气中湿度的变化，也会对测试成果产生一些影响。

为了求得某些粘土质岩石的水理性指标，需要利用水中称量法时，可以采用先浸水饱和后烘干的办法。但在计算密度时要注意岩样的颗粒脱落现象，水中的干燥残留物应作为试样的干质量参加计算。试样的形态，一般规定可用规则试样，也可用不规则试样。但美国、日本的规程只允许采用规则试样，而且对试样的尺寸以及体积与表面积之比提出了要求。一般来说规则试样测定的密度略大于不规则试样。据此，在修订规程中，虽允许采用不规则试样，但倾向于采用规则试样。当不可能制备规则试样时，也应当用体积不小于$100cm^3$的近似块体。绝不允许采用试样的边角废料来测定毛体积密度。

2.蜡封法。在岩石试验中，用蜡封法测定毛体积密度是一种辅助性的方法，只有在不能用静水称量法和量积法时才采用它。原规程只采用刷子涂蜡，对规则试件而言实际操作中效果并不好，本次修订采用滚涂法或刷涂法。

虽然蜡封法可以采用不规则试样，但仍要求取成块状，其边缘凸出或松动部分需要在蜡封之前进行处理。检查蜡封的质量是很重要的，检查的方法是将蜡封试样置于水中称量，然后取出擦干表面水分，在空气中称量。如蜡封试样浸水后的质量大于浸水前的质量，说明试样内有水浸入，试样不能用。

3.量积法。用量积法测定岩石毛体积密度，可适用于能制成规则试样的各种岩石，方法简易。计算结果准确，而且不受试验环境的影响。但是采用量积法时，应保证试样制备具有足够的精度。过去量积法之所以没有得到普遍推广,主要原因是试样制备方法没有得到解决,从目前科技发展情况来看,提高试样制备精度是完全可能的。本试验用的试件精度要求,完全与单轴抗压强度试验用的试件精度一致;另外量积法测密度又属非破坏性试验,所以两项试验试件的加工可用同一组试件,试验时,先测其毛体积密度,再做单轴抗压强度试验。

4.孔隙率。岩石的空隙性系岩石孔隙性和裂隙性的统称,用孔隙率表示。孔隙率是反映岩石裂隙发育程度的参数,分为开口孔隙率和封闭孔隙率,两者之和称总孔隙率。岩石试样中与大气相通的孔隙体积占岩石试样总体积的百分比,称开口孔隙率;岩石试样中不与大气相通的孔隙体积占岩石试样总体积的百分比,称封闭孔隙率;开口孔隙与封闭孔隙的体积之和占岩石试样总体积的百分比,称为总孔隙率。开口孔隙又有大小之分,常压下,岩石吸水时,水只能进入大开口孔隙,只有在高压或真空条件下,水方能进入闭孔隙和小开口孔隙。

岩石的空隙性指标一般不能实测,根据干密度和颗粒密度可计算总孔隙率,其它孔隙率常需通过干密度和吸水性指标换算求得。

一般提到的岩石孔隙率系指岩石总孔隙率。岩石因形成条件及其后期经受的变化和埋藏深度不同,孔隙率变化范围很大,可自小于百分之一至百分之几十,新鲜的结晶岩类的孔隙率一般小于3%,而沉积岩则较高,为1%~10%,但有些胶结不良的砂砾岩,孔隙率可达10%~20%,甚至更大。

T 0205—2005 吸水性试验

1 目的和适用范围

岩石的吸水性用吸水率和饱和吸水率表示。岩石的吸水率和饱和吸水率能有效地反映岩石微裂隙的发育程度,可用来判断岩石的抗冻和抗风化等性能。

岩石吸水率采用自由吸水法测定,饱和吸水率采用煮沸法或真空抽气法测定。

本试验适用于遇水不崩解、不溶解或不干缩湿胀的岩石。

2 仪器设备

(1)切石机、钻石机、磨石机等岩石试件加工设备。
(2)天平:感量0.01g,称量大于500g。
(3)烘箱:能使温度控制在105℃~110℃。
(4)抽气设备:抽气机、水银压力计、真空干燥器、净气瓶。
(5)煮沸水槽。

3 试件制备

3.1 规则试样:试件尺寸应符合本规程 T 0221 中 3.1 的规定。

3.2 不规则试件宜采用边长或直径为 40mm~50mm 的浑圆形岩块。

3.3 每组试件至少3个;岩石组织不均匀者,每组试件不少于5个。

4 试验步骤

4.1 将试件放入温度为 105℃~110℃ 的烘箱内烘至恒量,烘干时间一般为 12h~24h,取出置于干燥器内冷却至室温(20℃±2℃),称其质量,精确至 0.01g(后同)。

4.2 将称量后的试件置于盛水容器内,先注水至试件高度的 1/4 处,以后每隔 2h 分别注水至试件高度的 1/2 和 3/4 处,6h 后将水加至高出试件顶面 20mm,以利试件内空气逸出。试件全部被水淹没后再自由吸水 48h。

4.3 取出浸水试件,用湿纱布擦去试件表面水分,立即称其质量。

4.4 试件强制饱和,任选如下一种方法:

用煮沸法饱和试件:将称量后的试件放入水槽,注水至试件高度的一半,静置 2h。再加水使试件浸没,煮沸 6h 以上,并保持水的深度不变。煮沸停止后静置水槽,待其冷却,取出试件,用湿纱布擦去表面水分,立即称其质量。

用真空抽气法饱和试件:将称量后的试件置于真空干燥器中,注入洁净水,水面高出试件顶面 20mm,开动抽气机,抽气时真空压力需达 100kPa,保持此真空状态直至无气泡发生时为止(不少于 4h)。经真空抽气的试件应放置在原容器中,在大气压力下静置 4h,取出试件,用湿纱布擦去表面水分,立即称其质量。

5 结果整理

5.1 用式(T0205-1)、(T0205-2)分别计算吸水率、饱和吸水率,试验结果精确至 0.01%。

$$w_a = \frac{m_1 - m}{m} \times 100 \tag{T0205-1}$$

$$w_{sa} = \frac{m_2 - m}{m} \times 100 \tag{T0205-2}$$

式中:w_a——岩石吸水率(%);

w_{sa}——岩石饱和吸水率(%);

m——烘至恒量时的试件质量(g);

m_1——吸水至恒量时的试件质量(g);

m_2——试件经强制饱和后的质量(g)。

5.2 用式(T0205-3)计算饱水系数,试验结果精确至 0.01。

$$K_w = \frac{w_a}{w_{sa}} \tag{T0205-3}$$

式中:K_w——饱水系数,其它符号含意同前。

5.3 组织均匀的试件,取3个试件试验结果的平均值作为测定值;组织不均匀的,则取5个试件试验结果的平均值作为测定值。并同时列出每个试件的试验结果。

5.4 试验记录

吸水率试验记录应包括岩石名称、试验编号、试件编号、试件描述、试验方法、干试件质量、试件浸水后质量、试件强制饱和后的质量。

条文说明

1. 试样的形状:一般都没有严格的规定。本规程允许采用不规则试样,但必须指出,采用规则试样测定吸水率和饱和吸水率,不仅操作方便,提高效率,而且也有利于建立各指标之间的相互关系,故应尽可能采用规则试样。当只能用不规则试样试验时,试样形态应近似立方体,绝不允许用边角废料进行试验。

2. 烘干试样的标准:本试验采用称量控制,将试样反复烘干至称量达到恒量为止。参见 T 0202 含水率试验条文说明。

3. 吸水稳定标准:试验资料证明,浸水 24h 平均可以达到绝对吸水率的 85%,48h 可达到 94%,继续浸水的吸水量很小,因此,在大气压力下吸水的稳定标准规定采用 48h,完全能够反映岩石试样的吸水特征。

4. 煮沸和抽气时间:国外规程规定的煮沸和抽气时间均比较长,一般认为适当延长煮沸和抽气时间是必要的。参考水电规程、国标,在修订规程中,只提出煮沸和抽气时间的下限:即煮沸 6h 以上(原规程 3h 以上),抽气 4h 以上。

5. 岩石的吸水率与饱和吸水率之比,定义为饱水系数,它是评价岩石抗冻性的一种指标。一般来说,岩石的饱水系数为 0.5~0.8。饱水系数愈大,说明常压下吸水后留余的空间有限,岩石愈容易被冻胀破坏,因而岩石的抗冻性就差。

T 0206—2005 膨胀性试验

1 目的和适用范围

对具有粘土矿物的岩层,必须了解岩石的膨胀特性,以便控制开挖过程中地下水对岩层、岩体的影响。岩石膨胀性试验包括岩石自由膨胀率试验、岩石侧向约束膨胀率试验和岩石膨胀压力试验。

岩石自由膨胀率试验适用于遇水不易崩解的岩石,岩石侧向约束膨胀率试验和岩石膨胀压力试验适用于各类岩石。

2 仪器设备

(1)钻石机、切石机、磨石机、车床。
(2)测量平台。

(3)自由膨胀率试验仪,图T0206-1。

(4)侧向约束膨胀率试验仪,图T0206-2。

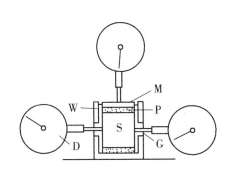

图T0206-1 自由膨胀率试验仪
M-金属板;P-透水板;S-岩石试件;G-橡胶板;W-水;D-指示表

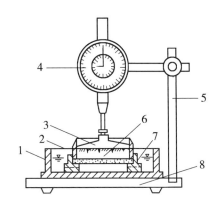

图T0206-2 侧向约束膨胀率试验仪
1-盛水器;2-环力;3-传递活塞;4-测微表;5-表架;6-试样;7-底座;8-底盘

(5)膨胀压力试验仪,图T0206-3。

(6)干湿温度计。

3 试件制备

3.1 岩石试件应在现场采取,并保持天然含水状态,不得采用爆破或湿钻法取样,而且试件应符合下列要求:

(1)自由膨胀率试验的试件:圆柱形试件的直径宜为50mm～60mm,试件高度宜等于直径,两端面应平行;立方形试件的边长宜为50mm～60mm,各相对面应平行。试件端面的平面度公差应小于0.05mm,端面对于试件轴线垂直度偏差不应超过0.25°。

(2)侧向约束膨胀率试验的试件应为圆柱体,试件直径宜为50mm,尺寸偏差为0～0.1mm,高度应大于20mm,且应大于岩石矿物最大颗粒的10倍。两端面平面度公差应小于0.05mm,端面对于试件轴线垂直度偏差不应超过0.25°。

(3)膨胀压力试验的试件规格和精度应符合本条(2)款的规定。

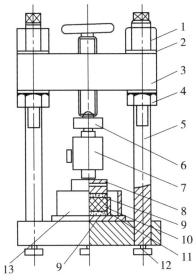

图T0206-3 岩石膨胀压力试验仪
1-螺母;2-平垫圈;3-横梁;4-螺母;5-摆柱;6-接头;7-压力传感器;8-上压板;9-金属透水板;10-试件;11-套环;12-调整件;13-容器

3.2 每组试件数量不得少于3个。

3.3 岩石试件应采用干法加工,天然含水率的变化不应超过1%。

3.4 进行岩石试件加工时,应注意描述下列内容:

(1)岩石类别、颜色、矿物成分、结构、风化程度、胶结物性质等。
(2)膨胀变形的加载方向分别与层理、片理、节理、裂隙之间的关系。
(3)试件加工方法。

4 试验步骤

4.1 自由膨胀率试验应按下列步骤进行：

(1)将试件放入自由膨胀率试验仪内，在试件上下分别放置透水板，顶部放置一块金属板。

(2)在试件上部和四侧对称的中心部位分别安装千分表。四侧千分表与试件接触处，宜放置一块薄铜片。

(3)读记千分表读数，每隔10min读记1次，直至3次读数不变。

(4)缓慢地向盛水容器内注入洁净水，直至淹没上部透水板。

(5)在第1小时内，每隔10min测读变形1次，以后每隔1h测读变形1次，直至3次读数差不大于0.001mm为止。浸水后试验时间不得小于48h。

(6)试验过程中，应保持水位不变，水温变化不得大于2℃。

(7)试验过程中及试验结束后，应详细描述试件的崩解、掉块、表面泥化或软化等现象。

4.2 侧向约束膨胀率试验按下列步骤进行：

(1)将试件放入内壁涂有凡士林的金属套环内，在试件上下分别放置薄型滤纸和透水板。

(2)顶部放上固定金属荷载块并安装垂直千分表。金属荷载块的质量应能对试件产生5kPa的持续压力。

(3)试验及稳定标准应符合本试验方法第4.1条中的(3)~(6)。

(4)试验结束后，应描述试件表面的泥化和软化现象。

4.3 侧向膨胀压力试验按下列步骤进行：

(1)将试件放入内壁涂有凡士林的金属套环内，在试件上下分别放置薄型滤纸和金属透水板。

(2)安装加压系统及量测试件变形的测表。

(3)应使仪器各部位和试件在同一轴线上，不得出现偏心荷载。

(4)对试件施加产生0.01MPa压力的荷载，测读试件变形测表读数，每隔10min读数1次，直至3次读数不变。

(5)缓慢地向盛水容器内注入洁净水，直至淹没上部透水板。观测变形测表的变化，当变形量大于0.001mm时，调节所施加的荷载，应保持试件高度在整个试验过程始终不变。

(6)开始时每隔10min读数1次，连续3次读数差小于0.001mm时，改为每1h读数1

次;当每1h读数连续3次读数差小于0.001mm时,可认为稳定并记录试验荷载。浸水后总试验时间不得少于48h。

(7)试验过程中,应保持水位不变。水温变化不得大于2℃。

(8)试验结束后,应描述试件表面的泥化和软化现象。

5 结果整理

5.1 按下列公式分别计算岩石自由膨胀率、侧向约束膨胀率、膨胀压力:

$$V_H = \frac{\Delta H}{H} \times 100 \quad (T0206-1)$$

$$V_D = \frac{\Delta D}{D} \times 100 \quad (T0206-2)$$

$$V_{HP} = \frac{\Delta H_1}{H} \times 100 \quad (T0206-3)$$

$$P_S = \frac{F}{A} \quad (T0206-4)$$

式中:V_H——岩石轴向自由膨胀率(%);

V_D——岩石径向自由膨胀率(%);

V_{HP}——岩石侧向约束膨胀率(%);

P_S——岩石膨胀压力(MPa);

ΔH——试件轴向变形值(mm);

H——试件高度(mm);

ΔD——试件径向平均变形值(mm);

D——试件直径或边长(mm);

ΔH_1——有侧向约束试件的轴向变形值(mm);

F——轴向荷载(N);

A——试件截面积(mm^2)。

5.2 岩石轴向自由膨胀率、径向自由膨胀率、侧向约束膨胀率试验结果精确至0.1%,岩石膨胀压力试验结果精确至0.001MPa。3个试件平行试验,分别列出每个试件的试验结果,并计算3个试件测试结果的平均值。

5.3 试验记录

膨胀性试验记录应包括岩石名称、试验编号、试件编号、试件描述、试件尺寸、温度、试验时间、轴向变形、径向变形和轴向荷载。

条文说明

1.岩石膨胀性试验适用于测定天然状态下含易吸水膨胀矿物岩石的膨胀性质,如粘土岩类岩石,其它种类岩石也可采用本试验。膨胀性试验主要包括下列内容：

(1)岩石自由膨胀率是岩石试件在浸水后产生的径向和轴向变形分别与试件直径和高度之比，以百分数表示。

(2)岩石侧向约束膨胀率是岩石试件在有侧限条件下，轴向受有限荷载时，浸水后产生的轴向变形与试件原高度之比，以百分数表示。

(3)岩石膨胀压力是岩石试件浸水后保持原形或体积不变所需的压力。

2. 试验过程中应注意，侧向约束膨胀率试验仪中的金属套环高度不应小于试件高度与两块透水板厚度之和。不得由于金属套环高度不够，引起试件浸水饱和后出现三向变形。岩石膨胀压力试验中为使试件变形始终不变，应随时调节所加的荷载：采用杠杆式加压系统，应随时调整砝码重量；采用螺杆式加压系统，应随时调整测力钢环或压力传感器的读数。膨胀压力试验仪必须进行各级压力下仪器自身变形的测定，并在加压时扣除仪器变形，使试件变形始终为零。

3. 岩石结构对于测定其膨胀性质有着重要影响，因而要尽可能地使用原状岩石样品来做试验。如样品松散或太破碎不能得到原状样品时，如常见的满布节理情况，可参照公路工程土工试验规程测试其膨胀性。当报告试验成果时，应描述所遵循的试验步骤。

4. 鉴于岩石属于不均质体，并受节理、层面、裂隙等结构面的影响，不可能使同组岩石试件的每个试验结果都一致。在试验结果中，应列出每一试件的试验值，同时求出平均值。

T 0207—2005　耐崩解性试验

1　目的和适用范围

耐崩解性试验的目的是确定岩石试样在一定条件下的崩解量、崩解指数、崩解时间和崩解状况。崩解指数主要是用于岩石分类。

本试验主要适用于质地疏松岩石、风化岩石、粘土岩类岩石等。

2　仪器设备

(1)天平：感量0.1g，称量大于5000g。

(2)烘箱：能使温度控制在105℃~110℃。

(3)耐崩解性试验仪：由动力装置、圆柱形筛筒和水槽组成，其中圆柱形筛筒长100mm、直径140mm、筛孔直径2mm(见图T0207-1)。

(4)温度计、干燥器。

3　试样制备

3.1　耐崩解性岩石试样应符合下列要求：

(1)在现场采取保持天然含水量的试样并密封。

(2)试样选取每块质量为40g~60g的浑圆块状试件，每组试验试件的数量不应少于10个。

3.2 试样描述应包括岩石类别、颜色、矿物成分、结构、风化程度、胶结物性质等。

4 试验步骤

4.1 将试样装入耐崩解试验仪的圆柱形筛筒内,在105℃～110℃的温度下烘干至恒量后,在干燥器内冷却至室温称量。

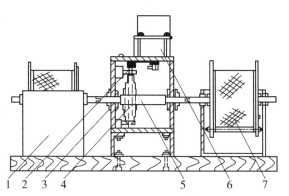

图 T0207-1 耐崩解性试验仪
1-水槽;2-蜗杆;3-轴承;4-涡轮;5-大轴;6-马达;7-筛筒

4.2 将装有试样的圆柱形筛筒放在水槽内,向水槽内注入洁净水,使水位在转动轴下约20mm。圆柱形筛筒以20r/min的转速转动10min后,将圆柱形筛筒和残留试样在105℃～110℃的温度下烘干至恒量后,在干燥器内冷却至室温称量。

4.3 重复本条4.2项的程序,求得第二次循环后的圆柱形筛筒和残留试件质量。根据需要可进行5次甚至更多次循环试验。

4.4 试验过程中,水温应保持在20℃±2℃范围内。

4.5 试验结束后,应对残留试样、水的颜色和水中沉积物进行描述。根据需要,可对水中的沉积物进行颗粒分析、界限含水量测定和粘土矿物分析。

4.6 称量精确至0.1g。

5 结果整理

5.1 按式(T0207-1)计算岩石耐崩解性指数:

$$I_{d2} = \frac{m_{r2} - m_0}{m_s - m_0} \times 100 \tag{T0207-1}$$

式中:I_{d2}——岩石(二次循环)耐崩解性指数(%);
m_0——圆柱筛筒烘干质量(g);
m_s——圆柱筛筒质量与原试样烘干质量的和(g);
m_{r2}——圆柱筛筒质量与第二次循环后残留试样烘干质量的和(g)。

5.2 每组试验3个试样平行试验,试验结果应为3个试样测得结果之平均值,并同时列出每个试样的试验结果。试验结果精确至0.1%。

5.3 试验记录

耐崩解性试验记录应包括岩石名称、试验编号、试样编号、试样描述及试样在试验前后的烘干质量。

条文说明

  1. 岩石的耐崩解性试验是用来评价岩石在经过两次干燥和湿润标准循环之后,抵抗软化及崩解的能力。耐崩解性指数为试件干湿循环后残留的质量与原质量之比,以百分数表示。

  2. 质地疏松、风化、含有亲水性粘土矿物的岩石,在水中容易发生崩解剥落现象。对于坚硬完整岩石一般不需进行此项试验。如有需要,对于较坚硬岩石(耐崩解指数高的岩石),可以用多次,如 5 次、10 次等循环次数的耐崩解指数用于考察该岩石的耐崩解性。

  3. 岩石的耐崩解指数大小与所用水解液性质有关。试验所用的水解液如果不是 20℃ ± 2℃ 的洁净水,而是自来水、天然地下水、海水、稀释酸或分散剂等,则需要在试验报告中加以说明。

  4. 耐崩解性试验对于用来进行岩石之间的分类和对比非常合适。对于在本试验中容易进行崩解的岩石,建议同时用公路土工试验规程中的方法进一步鉴定,例如测定液限、塑限、颗粒分析、矿物成分及含量等。

4 力学性质试验

T 0221—2005 单轴抗压强度试验

1 目的和适用范围

单轴抗压强度试验是测定规则形状岩石试件单轴抗压强度的方法,主要用于岩石的强度分级和岩性描述。

本法采用饱和状态下的岩石立方体(或圆柱体)试件的抗压强度来评定岩石强度(包括碎石或卵石的原始岩石强度)。

在某些情况下,试件含水状态还可根据需要选择天然状态、烘干状态或冻融循环后状态。试件的含水状态要在试验报告中注明。

2 仪器设备

(1)压力试验机或万能试验机。
(2)钻石机、切石机、磨石机等岩石试件加工设备。
(3)烘箱、干燥器、游标卡尺、角尺及水池等。

3 试件制备

3.1 建筑地基的岩石试验,采用圆柱体作为标准试件,直径为50mm±2mm、高径比为2:1。每组试件共6个。

3.2 桥梁工程用的石料试验,采用立方体试件,边长为70mm±2mm。每组试件共6个。

3.3 路面工程用的石料试验,采用圆柱体或立方体试件,其直径或边长和高均为50mm±2mm。每组试件共6个。

有显著层理的岩石,分别沿平行和垂直层理方向各取试件6个。试件上、下端面应平行和磨平,试件端面的平面度公差应小于0.05mm,端面对于试件轴线垂直度偏差不应超过0.25°。对于非标准圆柱体试件,试验后抗压强度试验值按本章条文说明中公式(T0221-3)进行换算。

4 试验步骤

4.1 用游标卡尺量取试件尺寸(精确至0.1mm),对立方体试件在顶面和底面上各量取其边长,以各个面上相互平行的两个边长的算术平均值计算其承压面积;对于圆柱体试件在顶面和底面分别测量两个相互正交的直径,并以其各自的算术平均值分别计算底面和顶面的面积,取其顶面和底面面积的算术平均值作为计算抗压强度所用的截面积。

4.2 试件的含水状态可根据需要选择烘干状态、天然状态、饱和状态、冻融循环后状态。试件烘干和饱和状态应符合本规程T 0205中相关条款的规定,试件冻融循环后状态应符合本规程T 0241中相关条款的规定。

4.3 按岩石强度性质,选定合适的压力机。将试件置于压力机的承压板中央,对正上、下承压板,不得偏心。

4.4 以0.5MPa/s～1.0MPa/s的速率进行加荷直至破坏,记录破坏荷载及加载过程中出现的现象。抗压试件试验的最大荷载记录以N为单位,精度1%。

5 结果整理

5.1 岩石的抗压强度和软化系数分别按式(T0221-1)、(T0221-2)计算。

$$R = \frac{P}{A} \tag{T0221-1}$$

式中：R——岩石的抗压强度(MPa);
P——试件破坏时的荷载(N);
A——试件的截面积(mm^2)。

$$K_P = \frac{R_w}{R_d} \tag{T0221-2}$$

式中：K_P——软化系数;
R_w——岩石饱和状态下的单轴抗压强度(MPa);
R_d——岩石烘干状态下的单轴抗压强度(MPa)。

5.2 单轴抗压强度试验结果应同时列出每个试件的试验值及同组岩石单轴抗压强度的平均值;有显著层理的岩石,分别报告垂直与平行层理方向的试件强度的平均值。计算值精确至0.1MPa。

软化系数计算值精确至0.01,3个试件平行测定,取算术平均值;3个值中最大与最小之差不应超过平均值的20%,否则,应另取第4个试件,并在4个试件中取最接近的3个值的平均值作为试验结果,同时在报告中将4个值全部给出。

5.3 试验记录

单轴抗压强度试验记录应包括岩石名称、试验编号、试件编号、试件描述、试件尺寸、破坏荷载、破坏形态。

条文说明

岩石的抗压强度是反映岩石力学性质的主要指标之一,它在岩体工程分类、建筑材料选择及工程岩体稳定性评价计算中都是必不可少的指标。试验研究表明,岩石的抗压强度受一系列因素的影响与控制。这些因素包括两个方面:一方面是岩石本身方面的因素,如矿物组成、结构构造及含水状态等;另一方面是试验条件,试件形状、大小、高径比及加工精度、加荷速率等。

1. 岩石的矿物组成及结构

岩石的矿物组成是影响其抗压强度的重要因素之一。一般来说,含强度高的矿物如石英、长石、角闪石、辉石及橄榄石等较多时,岩石强度就高;相反,含软弱矿物如云母、粘土矿物、滑石及绿泥石等较多时,强度就低。如石英岩、花岗岩、闪长岩等岩石的抗压强度一般为100MPa～300MPa,最高可达350MPa,而页岩、粘土岩和千枚岩等的抗压强度最高不超过100MPa。

岩石结构、构造对强度的影响,主要表现在矿物颗粒间的连结、颗粒大小与形状、空隙性等。一般来说,具结晶连结的岩石强度比非结晶连结的高,细粒结构的岩石强度比粗粒结构的高,这是因为细结晶的岩石颗粒间接触面积大,连结力增强的缘故。由粒柱状矿物组成的岩石,强度高且一般不具各向异性;而片状、鳞片状矿物组成的岩石,不仅强度低,而且往往具较强的各向异性。对于胶结连结的岩石,其强度主要取决于胶结物成分。硅质胶结的强度最高,铁钙质胶结的次之,泥质胶结的最低。岩石空隙性常反映它的密实程度,空隙度愈大,强度愈低。强度随其密度减小而降低的现象,就是空隙性对岩石强度影响的具体表现。此外如果空隙(指各种微结构面)是定向排列的则岩石强度表现出明显的各向异性特征。

2. 试验含水率

含水状态对岩石强度具有显著的影响,一般随含水率增大岩石强度降低,但岩性不同降低的程度也不同,这主要取决于岩石中亲水性和可溶性矿物的含量及空隙性等。亲水性和可溶性矿物含量愈多,开空隙愈发育岩石强度降低愈明显。如页岩、粘土岩饱水后强度可降低40%～60%。

试验的含水状态主要依据工程的需要而定,比如在《公路桥涵地基与基础设计规范》中,在确定单桩轴向受压容许承载力和桩嵌入基岩中的深度时,常用到天然湿度的岩石单轴极限抗压强度,主要因为在填充混凝土以后,岩石不再与水接触了。

含水状态对岩石强度的影响称软化性,用软化系数表示。

3. 试验条件

试验条件对岩石强度也有一定的影响,一般来说,圆柱体试件的强度大于棱柱体试件,是因为后者棱角部分应力集中之故。另外,随试件尺寸和高径比的增大岩石强度也降低,其原因是试件岩石内包含的裂隙、孔隙等缺陷增多及应力分布不均造成的。试件加工精度的影响主要表现在试件端面的平整度和平行度,因此,试验时对试件加工精度要求较高。此外,加荷速率增加,岩石强度也增大。

4. 试件尺寸

公路系统中,岩石的单轴抗压强度依据岩石的使用情况,试件尺寸的标准是不一样的。桥梁工程中,所提到石料的标号,对应的是尺寸为20cm×20cm×20cm立方体试件饱和极限抗压强度(现已改为7cm×7cm×7cm立方体试件)。道路建筑材料中,天然石料的等级,对应的是尺寸为5cm×5cm×5cm立方体试件饱和极限抗压强度。而作为地基基础的岩石试验,一般采用圆柱体作为标准试件,其直径为 50mm±2mm,高径比为 1~3,比如《公路工程水文勘测设计规范》(JTG C30—2002)规定,岩石样品的尺寸是根据岩石试验需求提出的,一般最小直径大于 5cm,试件高度为直径的 1~3 倍;《公路桥涵地基与基础设计规范》规定岩石的单轴抗压强度的试件尺寸,直径为 7cm~10cm,高度与试件直径相同;隧道围岩分类中饱和抗压极限强度并没有提到试件尺寸,但从软、硬岩石的划分标准 30MPa 来看,试件尺寸应为直径 50mm±2mm,高径比为 2。

鉴于圆形试件具有轴对称特性,应力分布均匀,而且试件可直接取自钻孔岩芯,在室内加工程序简单,所以本规程规定:作为地基基础的岩石试验,岩石的单轴抗压强度推荐直径为 50mm±2mm,高度与直径之比值为 2.0 圆柱体试件作为标准试件;作为砌体工程的石料试验,桥梁工程岩石的单轴抗压强度推荐边长为 70mm±2mm 的立方体试件作为标准试件;路面工程岩石的单轴抗压强度推荐边长为 50mm±2mm 的立方体试件或者直径和高均为 50mm±2mm 的圆柱体试件作为标准试件。

为便于对单轴抗压强度的试验结果作统计分析,应将任意高径比的抗压强度值 R 按下式换算成高径比为 2:1 的标准抗压强度值 R_e。

$$R_e = \frac{8R}{7 + 2D/H}$$

(T0221-3)

5. 压力试验机应符合《液压式压力试验机》(GB/T 3722)及《试验机通用技术要求》(GB/T 2611)中的要求,其测量精度为 ±1%,试件破坏荷载应大于压力试验机全程的 20% 且小于压力试验机全程的 80%,同时应具有加荷速度指示装置或加荷速度控制装置。可以均匀地连续加荷卸荷,保持固定荷载,开机停机均灵活自如。试件两端的承压板为洛氏硬度不低于 HRC58 的圆盘钢板,承压板的直径应不小于试件的直径,也不宜大于试件直径的两倍。当压力试验机承压板直径大于试件直径的两倍以上时,必须在试件的上下两端加辅助承压板,其刚度和不平度均应满足压力试验机承压板的要求。两压板之一应是球面座,球面座应放在试件的上端面,并用矿物油稍加润滑,以使在滑块自重作用下仍能闭锁。试件、压板和球面座要精确的彼此对中,并与加载机器设备对中,球面座的曲率中心应与试件端面的中心相重合。

T 0222—2005 单轴压缩变形试验

1 目的和适用范围

岩石单轴压缩变形试验用于测定岩石试件在单轴压缩应力条件下的轴向及径向应变值,据此算出岩石的弹性模量和泊松比。

弹性模量是轴向应力与轴向应变之比;泊松比是在弹性模量相对应条件下的径向应变与轴向应变之比。

本试验可分为电阻应变仪法和千分表法,适用于能制成规则试件的各类岩石。坚硬和较坚硬的岩石应采用电阻应变仪法,较软岩石应采用千分表法。

2 仪器设备

(1)钻石机、锯石机、磨石机等岩石试件加工设备。
(2)惠斯顿电桥、万用表、兆欧表、千分表。

(3)电阻应变仪。

(4)电阻应变片(丝栅长度大于15mm)及粘贴电阻应变片用的各种工具及粘结剂等。

(5)压力试验机或万能试验机。

(6)其它设备:金属屏蔽线、恒温烘箱及其它试件加工设备。

3 试件制备

3.1 从岩石试样中制取直径为50mm±2mm、高径比为2:1的圆柱体试件。

3.2 试件含水状态可根据需要选择天然含水状态、烘干状态和饱和状态。试件烘干和饱和状态应符合本规程T 0205—2005中4.2、4.4条款的规定。

3.3 同一含水状态下每组试件数量不应少于6个。

3.4 试件上、下端面应平行和磨平。试件端面的平面度公差应小于0.05mm,端面对于试件轴线垂直度偏差不应超过0.25°。

4 试验步骤

4.1 其中3个试件测定单轴抗压强度,试验步骤同本规程 T 0221—2005第4条。

4.2 电阻应变仪法

4.2.1 选择电阻应变片:应变片栅长应大于岩石矿物最大颗粒粒径的10倍,小于试件半径。同一组试件的工作片与温度补偿片的规格和灵敏度系数应相同,电阻值允许偏差为±0.1Ω。

4.2.2 贴电阻应变片:试件以相对面为一组,分别贴纵向和横向应变片(如只求弹性模量而不求泊松比,则仅需贴纵向的一对即可),数量均不应少于两片,且贴片位置应尽量避开裂隙或斑晶。贴片前先将试件的贴片部位用0号砂纸斜向擦毛,用丙酮擦洗,均匀地涂一层防潮胶液,厚度不应大于0.1mm,面积约为20mm×30mm,再使应变片牢固地贴在试件上。

4.2.3 焊接导线:将各应变片的线头分别焊接导线,并用白胶布贴在导线上,标明编号。焊接时注意:焊接宜用液态松香和金属屏蔽线,以免产生磁场互相干扰;电阻应变仪应与压力试验机靠近些,减少导线长度;导线焊好后要固定,以免拉脱。系统绝缘电阻值应大于200MΩ。

4.2.4 按所用的电阻应变仪的使用说明书进行操作,接电源并检查电压,调整灵敏系数;将试件测量导线接好,放在压力试验机球座上;接温度补偿电阻应变片,贴温度补偿电阻应变片的试件应是试验试件的同组试件,并放在试验试件的附近;粘贴温度补偿应变片的操作程序要求尽量与工作应变片相同。

4.2.5 将试件反复预压2~3次,加荷压力约为岩石极限强度的15%。

4.2.6 按规定的加载方式和载荷分级,加荷速度应为0.5MPa/s~1.0MPa/s,逐级测读载荷与应变值,直至试件破坏。读数不应少于10组测值。

4.2.7 记录加载过程及破坏时出现的现象,对破坏后的试件进行描述。

4.3 千分表法

4.3.1 采用千分表法测量岩石试件变形时,对于较硬岩,可将测量表架直接安装在试件上测量试件的纵、横向变形。对于变形较大、强度较低的软岩和极软岩,可将测表安装在磁性表架上,磁性表架安装在试验机的下承压板上,纵向测表表头与上承压板边缘接触,横向测表表头直接与试件接触,测读初始读数。两对相互垂直的纵向测表和横向测表应分别安装在试件直径的对称位置上。

4.3.2 其它步骤应符合本试验4.2.5~4.2.7条款的规定。

5 结果整理

5.1 按式(T0222-1)计算各级应力:

$$\sigma = \frac{P}{A} \tag{T0222-1}$$

式中:σ——应力(MPa);
P——与所测各组应变值相应的荷载(N);
A——试件的截面积(mm^2)。

5.2 绘制应力与纵向应变及横向应变关系曲线,在应力与纵向应变关系曲线上找出加载最大值的0.8倍和0.2倍的点,并作割线,以该割线的斜率表示该试件的弹性模量,按式(T0222-2)计算,试验结果精确至100MPa。

$$E = \frac{\sigma_{0.8} - \sigma_{0.2}}{\varepsilon_{L0.8} - \varepsilon_{L0.2}} \tag{T0222-2}$$

式中: E——弹性模量(MPa);
$\sigma_{0.8}$、$\sigma_{0.2}$——加载最大值的0.8倍和0.2倍时的试件应力(MPa);
$\varepsilon_{L0.8}$、$\varepsilon_{L0.2}$——应力为$\sigma_{0.8}$、$\sigma_{0.2}$时的纵向应变值。

5.3 以同一应力下的纵向、横向应变,按式(T0222-3)计算弹性泊松比 μ,试验结果精确至 0.01。

$$\mu = \frac{\varepsilon_{H0.8} - \varepsilon_{H0.2}}{\varepsilon_{L0.8} - \varepsilon_{L0.2}} \tag{T0222-3}$$

式中： μ——弹性泊松比;

$\varepsilon_{H0.8}$、$\varepsilon_{H0.2}$——应力为 $\sigma_{0.8}$、$\sigma_{0.2}$ 时的横向应变值。

5.4 分别按式(T0222-4)、(T0222-5)计算割线模量和相应的泊松比 μ:

$$E_{50} = \frac{\sigma_{50}}{\varepsilon_{L50}} \tag{T0222-4}$$

$$\mu_{50} = \frac{\varepsilon_{H50}}{\varepsilon_{L50}} \tag{T0222-5}$$

式中: E_{50}——岩石的变形模量,即割线模量(MPa);

μ_{50}——岩石泊松比;

σ_{50}——加载最大值的 0.5 倍时的试件应力(MPa);

ε_{H50}——应力为 σ_{50} 时的横向应变值;

ε_{L50}——应力为 σ_{50} 时的纵向应变值。

5.5 每组试验3个试件平行试验,试验结果应为3个试件测得结果之平均值,并同时列出每个试件的试验结果。

5.6 试验记录

单轴压缩变形试验记录应包括岩石名称、试验编号、试件编号、试件描述、试件尺寸、各级荷载下的应力及纵向和横向应变值、弹性模量和泊松比。

条文说明

1. 岩石单轴压缩变形试验是为了测定试件在单轴压缩应力条件下的纵向应变值及横向应变值,据此计算岩石的弹性模量和泊松比。岩石由单轴压缩变形试验求得的弹性模量和泊松比是岩石变形特性的最基本参数。在进行各种计算时,这两个参数必不可少。尤其是在采用各种数值计算方法评价岩体的稳定性和分析岩体内的应力分布时,显得更为重要。岩石的弹性模量和泊松比与岩石的单轴抗压强度一样,也将受到许多试验条件、试验环境和不同岩性的影响。但是,弹性模量和泊松比并不像岩石单轴抗压强度对这些因素那么敏感,且并不具有很明显的规律性。在实际的工程中,岩石的平均弹性模量和岩石的割线模量(亦称变形模量,是应力应变曲线原点与岩石单轴抗压强度值的50%时的点连线的斜率)以及与其各自相对应的泊松比应用最多。在某些特殊的条件下,也可按不同的应力水平确定其弹性模量和泊松比。

2. 试样的形状和尺寸:原规程试件尺寸,用圆柱体时采用直径50mm,高150mm;用棱柱体时采用50mm×50mm×150mm。根据国标和其它行业标准的规定,本次统一为采用直径50mm,高100mm的圆柱体试件,即同单轴抗压强度试件一致。

3.试验方法:通常情况下,坚硬和较坚硬的岩石宜采用电阻应变仪法,较软岩宜采用千分表法,对于变形较大的软岩和极软岩也可采用百分表测量变形。电阻应变仪法从全面讲是目前变形测试中应用最广泛的一种方法,它具有较高的精度,适合于大多数情况下的变形试验。但是,电阻应变仪法对电阻应变片粘贴技术要求高,特别是使用小标距电阻应变片时,因测量标距较短,不能完全反映整个试样的状态,建议采用4cm的电阻应变片。

4.加荷速度:在岩石变形试验中,加荷速度主要采用时间控制和荷载控制。用时间控制的,如美国和日本的规程所作规定与单轴抗压强度的加荷速度一致。国内有关规程均采用荷载控制,参照当前国内外规程的规定和研究资料,使岩石变形试验和单轴抗压强度试验的加荷速度取得一致是合理的。

5.加荷方式:原规程加荷方式为分级加荷,加荷至试件极限强度的1/5为止。为了测定岩石变形特征的各项指标,本规程规定采用一次连续加荷的方式,直至试件破坏。如果没有连续记录装置,亦可在选定加荷区间内取等间隔荷载,记录相应的应变量或变形量。并规定,至少应记取10个读数,以便绘制纵向和横向的应力-应变曲线。

T 0223—1994 劈裂强度试验

1 目的和适用范围

在工程实践中,通常不允许出现拉应力,但拉断破坏仍是工程岩体主要的破坏方式之一,而且岩石抵抗拉应力的能力最低。

测定岩石抗拉强度的方法,有直接拉伸法和间接拉伸法两种。由于直接法的试件制备困难和试验技术的复杂性,目前多采用间接法(即劈裂法),所得到的强度称为劈裂强度。

本试验适用于能制成规则试件的各类岩石。

2 仪器设备

(1)切石机、钻石机、磨石机等岩石试件加工设备。
(2)压力试验机或万能试验机。
(3)游标卡尺。

3 试件制备

3.1 试件应采用圆柱体,直径为50mm±2mm、高径比为0.5~1.0,试件高度应大于岩石最大颗粒粒径的10倍。

3.2 试件上、下端面应平行和磨平。试件端面的平面度公差应小于0.05mm,端面对于试件轴线垂直度偏差不应超过0.25°。

3.3 试件的含水状态可根据需要选择,其天然状态、烘干状态和饱和状态应符合本规程相应的规定。

4 试验步骤

4.1 通过试件直径的两端,沿轴线方向划两条相互平行的加载基线,将两根垫条沿加载基线固定在试件两端。对于坚硬和较坚硬岩石应选用直径为1mm钢丝为垫条,对于软弱和较软弱岩石应选用宽度与试件直径之比为0.08~0.1的胶木板为垫条。

4.2 将试件置于试验机承压板中心,调整球座,使试件均匀受荷,并使垫条与试件在同一加荷轴线上。

4.3 以0.3MPa/s~0.5MPa/s的速度连续而均匀地加荷,直至试件破坏为止。试件最终破坏应通过两垫条决定的平面,否则应视为无效试验。

4.4 记录破坏荷载,并对破坏后的试件进行描述。

5 结果整理

5.1 按式(T0223-1)计算劈裂强度(间接抗拉强度):

$$\sigma_t = \frac{2P}{\pi DH}$$
(T0223-1)

式中:σ_t——岩石的劈裂强度(MPa);
  P——破坏时的极限荷载(N);
  D——圆柱体试件的直径(mm);
  H——圆柱体试件的高度(mm)。

5.2 岩石的劈裂强度试验结果应同时列出每个试件的试验值和同组3个(视所要求的受力方向或含水状态而定,每种情况下须制备3个)试件试验结果的平均值,试验结果精确至0.1MPa。

5.3 试验记录
劈裂强度试验记录应包括岩石名称、试验编号、试件编号、试件描述、试件尺寸、破坏荷载。

条文说明

1. 岩石的抗拉强度,国内外现行的有两类试验方法,即直接拉伸法和间接拉伸法,各有其优缺点。前者采用单轴拉伸测定岩石抗拉强度,适用于各类性质的岩石,但操作较复杂,试验技术难于解决,本规程暂未列入此法。后者因为是由一位巴西工程技术人员提出,故也称为巴西法(即劈裂法)。劈裂法的理论依据是,弹性力学中,半无限体上作用着一集中荷载的布辛奈斯克解,对坚硬脆性岩石较适用;同时,用劈裂法测定岩石的抗拉强度,比用其它方法简便,测定结果也较稳定。目前,我国大多数试验规程均采用此法测定岩石的抗拉强度(劈裂强度)。

2. 用劈裂法测定的岩石抗拉强度值取决于试样形状和加荷条件的某种函数特征值,许多资料表明,用这种方法测定岩石的抗拉强度,其结果随垫条材料尺寸的不同而有所差异。不同规程对垫条材料、尺寸有不同的规定,原规程使用直径2mm的钢丝,国标采用直径为4mm左右的钢丝或胶木棍。参考水电规程,本规程对于坚硬和较坚硬岩石应选用直径为1mm钢丝为垫条,对于软弱和较软弱岩石应选用宽度与试件直径之比为0.08~0.1的胶木板为垫条。垫条的硬度应与试件硬度相匹配,垫条硬度过大,易对试件发生贯入现象;垫条硬度过低,垫条本身将严重变形,两者都影响试验成果。凡试件最终破坏未贯穿整个试件截面,而是局部脱落,应视为无效试件。

3. 关于试样形状和尺寸,国内其它规程普遍采用圆柱体试件,直径为50mm±0.5mm、高径比为0.5~1.0。因此,本次规程修订取消立方体试件。

T 0224—2005 抗剪强度(直剪)试验

1 目的和适用范围

本试验的目的是为了求出试件沿滑动面的正应力与剪应力的关系,提供岩石基础计算之依据。

岩石直剪试验是将同一类型的一组岩石试件在不同的法向荷载下进行水平剪切,根据库仑定律表达式确定岩石的抗剪强度参数。本试验适用于岩石结构面(如节理面、层理面、片理面、劈理面等位置)、岩石本身及混凝土或砂浆与岩石胶结面的直剪试验。

2 仪器设备

(1)钻石机、切石机、磨石机等岩石试件加工设备。
(2)配制混凝土及砂浆设备、养护槽等。
(3)饱和样品设备:水槽、真空抽气设备等。
(4)量测法向和剪切向位移的量表,精度0.01mm。
(5)游标卡尺。
(6)包括法向和剪切向加压设备的直剪仪,如图T0224-1。

3 试件制备

3.1 混凝土或砂浆与岩石胶结面试件:
(1)混凝土或砂浆与岩石胶结面试件规格应为正方体,其边长不小于150mm,混凝土或砂浆与岩石的接触面应位于试件中部。
(2)拟浇注混凝土或砂浆的岩面起伏差,应控制在边长或直径的1%~2%以内。
(3)在浇注混凝土或砂浆的同时,须制备3~6块混凝土或砂浆标号试件,用于检查抗压强度。

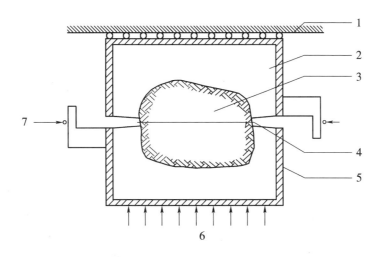

图 T0224-1 实验室直剪试验布置图

1-低摩擦系统；2-包封材料；3-试件；4-试验层位；5-试件模盒；6-法向荷载系统；7-剪切荷载系统

(4)制备好的混凝土或砂浆与岩石胶结面直剪试件和混凝土或砂浆抗压试件应置于养护室内进行养护,达到规定龄期后进行试验,同组试验宜在同一龄期下进行。

3.2 具有结构面试件：

(1)试件应尽量保持原状结构,防止结构面被扰动。

(2)岩石结构面直剪试验试件的直径或边长不小于150mm,试件高度应与直径或边长相等,结构面应位于试件中部。

(3)对于加工困难的岩样允许采用不规则试件,试件须用高强度的混凝土包裹。在试件与外框之间必须填充密实,剪切缝宜控制在10mm左右。

3.3 岩石试件：

(1)试件尺寸的确定应考虑仪器的设备能力和岩石本身强度。岩石直剪试验试件的直径或边长不得小于50mm,试件高度应与直径或边长相等。也可采用不规则试件。

(2)试件须用高强度的钢筋混凝土或钢制外框包裹。在试件与外框之间必须填充密实,剪切缝宜控制在10mm左右。

3.4 根据需要,试件可采用天然、饱和以及干燥状态。

3.5 试件数量每组不得少于5个。

4 试验步骤

4.1 试件安装

(1)将试件置于直剪仪上,试件的受剪方向应与构造物的受力方向大致相同。经论证后,确认剪切参数不受施力方向影响时,可不受此限制。试件与剪切盒内壁之间的间隙以填料填实,使试件与剪切盒成为一个整体。预定剪切面应位于剪切缝中部。

(2)法向载荷和剪切载荷的作用方向应通过预定剪切面的几何中心。法向位移量表和水平位移量表应对称布置,各方向至少有一个量表。

4.2 施加法向荷载

(1)法向荷载最大值宜为工程压力的1.2倍。对于结构面中含有软弱充填物的试件,最大法向荷载应以不挤出充填物为限。法向荷载宜按等差级数分级,分级数不应少于5级。

(2)对于不需要固结的试件,法向荷载可一次施加完毕,立即测读法向位移,5min后再测读一次,即可施加剪切荷载。对于需要固结的试件,在法向荷载施加完毕后的第一个小时内,每隔15min读数一次,然后每半小时读数一次。当每小时法向位移不超过0.05mm时,可施加剪切荷载。试验过程中法向荷载应始终保持常数。

4.3 施加剪切荷载

(1)按预估最大剪切荷载分10~12级,每级荷载施加后,立即测读剪切位移和法向位移,5min后再测读一次,即可施加下一级剪切荷载,当剪切位移明显增大时,可适当减小级差。峰值前施加剪切荷载不宜少于10级。

(2)将剪切荷载退至零。根据需要,待试件充分回弹后,调整量表,按以上步骤,进行摩擦试验。

4.4 试验结束后的剪切面描述

(1)准确量测剪切面面积。
(2)详细描述剪切面的破坏情况,擦痕的分布、方向和长度。
(3)测量剪切面的起伏差,绘制沿剪切方向断面高度的变化曲线。
(4)当结构面内有充填物时,应准确判断剪切面的位置,并记述其组成成分、性质、厚度、构造。根据需要测定充填物的物理性质。

5 试验成果整理应符合下列规定:

5.1 法向应力和剪应力分别按式(T0224-1)、(T0224-2)计算,试验结果精确至0.01MPa:

$$\sigma = \frac{P}{A} \qquad (T0224\text{-}1)$$

$$\tau = \frac{Q}{A} \qquad (T0224\text{-}2)$$

式中:σ——法向应力(MPa);

τ——剪应力(MPa);

P——法向载荷(N);

Q——剪切载荷(N);

A——有效剪切面积(mm^2)。

本试验至少用 3 个以上的试件作平行测定。

5.2 绘制各法向应力下的剪应力 τ 与剪切位移 v_s 及法向位移 v_n 的关系曲线,其中法向位移和剪切位移均取所有量测仪表的平均值,确定各剪切阶段特征点的剪应力值。

5.3 根据各剪切阶段特征点的剪应力和法向应力值,采用图解法或最小二乘法绘制剪应力 τ 与法向应力 σ 关系曲线,并确定相应的抗剪强度参数。

按库仑表达式(T0224-3)、(T0224-4)计算摩擦系数 $\tan\varphi$ 和凝聚力 c。

$$\tan\varphi = \frac{\tau_n - \tau_1}{\sigma_n - \sigma_1} \quad (T0224\text{-}3)$$

$$c = \tau_n - \sigma_n \tan\varphi \quad (T0224\text{-}4)$$

式中:$\tan\varphi$——摩擦系数;

c——凝聚力(MPa);

τ_n——σ_n 时的极限剪应力(MPa);

τ_1——σ_1 时的极限剪应力(MPa);

σ_n——大于 σ_1 时的法向应力(MPa);

σ_1——法向应力(MPa)。

5.4 试验记录

直剪试验记录应包括岩石名称、试验编号、试件编号、试件描述、剪切面积、法向荷载下各级剪切荷载时的法向位移及剪切位移。

条文说明

1. 岩石受剪力作用时抵抗剪切破坏的最大剪应力,称为剪切强度。岩石的剪切强度与土一样,也是由凝聚力(c)和内摩擦阻力($\sigma\tan\varphi$)两部分组成的,只是它们都比土大些,这与岩石具有牢固的连结有关。按试验方法的不同,所测定的剪切强度的含义也不同,通常分为以下 3 种剪切强度。

(a)抗剪断强度:指在一定的法向应力作用下,沿预定剪切面剪断时的最大剪应力。它反映了岩石的凝聚力和内摩擦阻力。

(b)抗剪(摩擦)强度:指在一定的法向应力作用下,沿已有破裂面再次剪坏时的最大剪应力。它反映了岩石中微结构面(裂隙、层理等)或人工破裂面上的摩擦阻力。

(c)抗切强度:指法向应力为零时,沿预定剪切面剪断时的最大剪应力。它反映了岩石的凝聚力。

室内剪切试验测定的通常是岩石的抗剪断强度。常用的方法有:直剪法、变角板剪切及三轴试验等。原规程采用变角板剪切,参考国家标准和水利水电标准,本试验规程推荐直剪法。各类岩石的内摩擦角多为 30°～60°,凝聚力多变化在 1MPa～50MPa 之间。

2. 仪器设备

法向荷载系统——根据 GrcenG.E. 的介绍资料,在试验全过程中必须保持法向荷载稳定,其变动范围应在规定荷重值的 2% 以内。一般采用液压加荷,均匀分布在试件表面上,其合力应垂直作用于剪切面,并通过试件的中心位置。

包封材料——最好用高强度等级水泥、熟石膏或树脂等材料,其强度应超过试件的最大强度。

量测系统——施加法向力和剪切力的独立量测设备,其精度应高于试验中可达到的最大作用力的2%。

剪切缝宽度——对于粗糙结构面,剪切缝可控制在10mm~20mm之间。

剪切位移时的阻力——使用液压千斤顶施加水平剪切时,设备包括滚轴、钢索或类似的低摩擦装置;必须保证设备对剪切位移的阻力低于试验时施加的τ_{max}的1%。

3. 预定应力或预定压力,一般是指工程设计应力或工程设计压力。在确定试验应力或试验压力时,还应考虑岩石或岩体的强度、岩体的应力状态以及设备的精度或出力。

4. 当剪切位移量不大时,有效剪切面积可直接采用试件剪切面积。当剪断后位移量过大时,应采用剪断时试件上下相互重叠的面积作为有效剪切面积。

T 0225—1994 点荷载强度试验

1 目的和适用范围

点荷载强度可为岩石分级及按经验公式计算岩石的抗压强度参数提供依据。

本试验适用于除极软岩以外的各类岩石。

2 仪器设备

(1)点荷载试验仪:如图 T0225-1 所示,它包括:

①加载系统:主要包括油压机、承压框架、球端圆锥状压头。油压机出力为50kN,加载框架应有足够的刚度,要保证在最大破坏荷载的反复作用下不产生永久性扭曲;球端圆锥状压板的球端曲率半径为5mm,圆锥体的顶角为60°(如图 T0225-1b)所示),采用坚硬材料制成,如碳化钨等。在试验过程中,上下压板必须保持在同一轴线上,偏差不得超过±0.2mm。

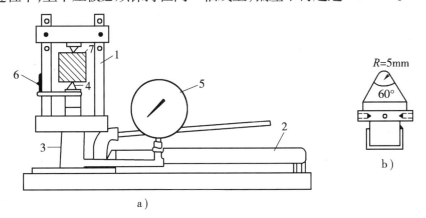

图 T0225-1 点荷载试验仪
a)携带式点荷载仪示意图;b)球端圆锥状压头示意图
1-框架;2-手摇卧式油泵;3-千斤顶;4-球端圆锥状压头(简称加荷锥);5-油压表;6-游标标尺;7-试样

②荷载测量系统:油压表两个,最大量程分别为 10MPa、60MPa,其测量精度应保证达到破坏荷载读数 P 的2%。整个荷载测量系统应能抵抗液压冲击和振动,不受反复加载

的影响。

③标距测量部分：采用 0.2mm 刻度钢尺或位移传感器，应保证试样加荷点间距的测量精度达到 ±0.2mm。

(2)卡尺或钢卷尺，精度为 ±0.2mm。

(3)地质锤。

3 试件制备

3.1 试样可用钻孔岩芯，或从岩石露头、勘探坑槽、平洞、巷道中采取的岩块。试样在采取和制备过程中，应避免产生人为裂隙。

3.2 试样尺寸

(1)岩芯试样

①径向试验：直径 30mm～100mm，长度与直径之比应大于 1。

②轴向试验：直径与加荷点间距为 30mm～100mm，加荷点间距与直径之比为 0.3～1。

(2)方块体或不规则块体试样

①加荷两点间距为 30mm～50mm。

②加荷处平均宽度与加荷两点间距之比为 0.3～1。

③试样长应不小于加荷两点间距。岩块试样的长(L)、宽(b)、高(h)应尽可能满足 $L \geq b \geq h$（如图 T0225-2 所示）。试样高度一般控制在 25mm～100mm，使之能满足试验仪加载系统对试样尺寸的要求。试样加荷点附近的岩面不宜过于凸凹不平或倾斜，否则，应加以修整。

(3)试样含水状态可根据需要选择天然含水状态、烘干状态、饱和状态或其它含水状态。试样烘干和饱和方法应符合本规程 T 0205—2005 中相关条款的规定。

(4)试样数量应视试验性质、含水状态、岩石均质程度而定：

①岩芯试样每组 5～10 个。

②方块体或不规则块体试样每组 15～20 个。

③如果岩石是各向异性的（如层理、片理明显的沉积岩和变质岩），还应再分为平行和垂直层理加荷的两个亚组，每组试样不少于 15 个。

4 试验步骤

4.1 检查试验仪上、下两个加荷锥头是否准确对中，并利用框架立柱上的标尺读出两锥头间的零位移值。

4.2 测量试样的长(L)、宽(b)、高(h)尺寸。对不规则试样，应通过试样的中点测量上述尺寸。

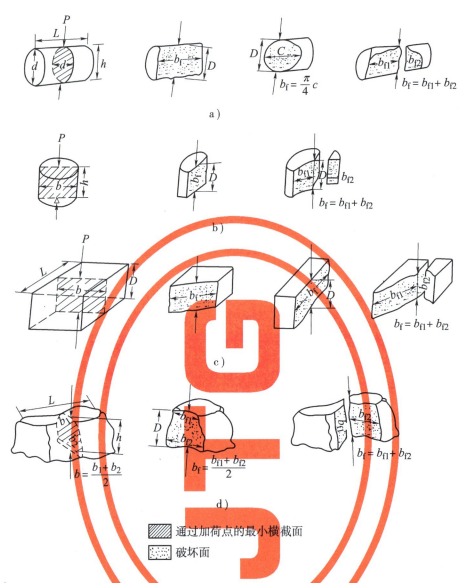

图 T0225-2 不同形状试样的 L、b、D、b_f 的确定方法及典型的破坏面
a)岩芯径向试验;b)岩芯轴向试验;c)方块体试验;d)不规则块体试验

P-施加于试样上的荷载;L-试样的长度;b_1-加荷点通过试样最小横断面上端宽度;b_2-加荷点通过试样最小横断面下端宽度;b-加荷点通过试样最小横断面平均宽度;h-试样的高度;b_{f1}-试样破坏面最小宽度;b_{f2}-试样破坏面最大宽度;b_f-试样破坏面的近似宽度,视试样破坏面的形状而定,可分别为:$b_f = b_{f1} + b_{f2}$,或 $b_f = (b_{f1} + b_{f2})/2$,或 $b_f = \pi c/4$;c-试样圆或椭圆破坏面的长轴,其与加荷轴线垂直;d-圆柱试样直径;D-试样破坏面上荷载之间的距离($D = h$)

4.3 描述试样的结构、构造、裂隙及风化程度等特征。

4.4 试样安装

(1)径向试验:将岩芯试样放入球端圆锥之间,使上、下锥端与试样直径两端紧密接触,量测加荷点间距。接触点距试样自由端的最小距离应不小于加荷两点间距的 2/5。

(2)轴向试验:将岩芯试样放入球端圆锥之间,使上、下锥端位于岩芯试样的圆心处并与试样紧密接触。量测加荷点间距及垂直于加荷方向的试样宽度。

（3）方块体与不规则块体试验：选择试样最小尺寸方向为加荷方向。将试样放入球端圆锥之间，使上、下锥端位于试样中心处并与试样紧密接触。量测加荷点间距及通过两加荷点最小截面的宽度（或平均宽度）。接触点距试样自由端的距离应不小于加荷点间距的1/2。若测定软弱面强度，则应保证加荷点的连线在同一软弱面中，如图T0225-3所示。

4.5 以在10s～60s内能使试样破坏的加荷速度匀速加荷，直至试样破坏，记录破坏荷载。如果破坏面只通过一个加荷点（如图T0225-4所示）便产生局部破坏，则该次试验无效。

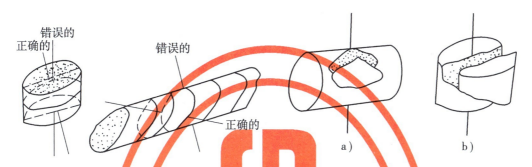

图T0225-3 对各向异性岩石施加荷载的正确方向　　图T0225-4 不正确试验的破坏模式
　　　　　　　　　　　　　　　　　　　　　　　　　　　a）不正确的径向试验；b）不正确的轴向试验

4.6 试验结束后，应描述试样的破坏形态（破坏面是平直的或弯曲的等）。凡破坏面贯穿整个试样并通过两加荷点的均为有效试样。

5 结果整理

5.1 按式（T0225-1）计算破坏荷载：

$$P = CR'$$ （T0225-1）

式中：P——试样破坏时的总荷载（N）；
　　　C——仪器标定系数，为千斤顶的活塞面积（mm²）；
　　　R'——油压表读数（MPa）。

5.2 按式（T0225-2）计算岩石点荷载强度指数：

$$I_s = \frac{P}{D_e^2}$$ （T0225-2）

式中：I_s——未经修正的岩石点荷载强度指数（MPa）；
　　　P——破坏荷载（N）；
　　　D_e——等效岩芯直径（mm）。

5.3 按式（T0225-3）或（T0225-4）计算等效岩芯直径 D_e：
（1）径向试验的 D_e：

$$D_e^2 = D^2$$ （T0225-3）

或 $$D_e^2 = DD' \tag{T0225-4}$$

式中：D——加荷点间距(mm)；

D'——上下锥端发生贯入后，试样破坏瞬间的加荷点间距(mm)。

(2)轴向、方块体或不规则块体试验的 D_e 按式(T0225-5)或(T0225-6)计算：

$$D_e^2 = \frac{4bD}{\pi} \tag{T0225-5}$$

或

$$D_e^2 = \frac{4bD'}{\pi} \tag{T0225-6}$$

式中：b——通过两加荷点最小截面的宽度(或平均宽度)(mm)。

5.4 当加荷点间距 D 不为 50mm 时，应对计算值进行修正，以求得岩石点荷载强度指数 $I_{s(50)}$。

(1)当试验数据较多，且同一组试样中 D_e 具有多种尺寸而不等于 50mm 时，根据试验结果，绘制 D_e^2-P 的关系曲线。根据曲线可查找 $D_e^2 = 2500\text{mm}^2$ 时对应的 P_{50} 值，按式(T0225-7)计算岩石点荷载强度指数：

$$I_{s(50)} = \frac{P_{50}}{2500} \tag{T0225-7}$$

式中：$I_{s(50)}$——经尺寸修正后的岩石点荷载强度指数(MPa)。

(2)当试验数据较少，不适宜用上述方法修正时，按式(T0225-8)计算岩石点荷载强度指数：

$$I_{s(50)} = F I_s \tag{T0225-8}$$

$$F = \left(\frac{D_e}{50}\right)^m \tag{T0225-9}$$

式中：F——尺寸修正系数；

m——由同类岩石的经验值确定，一般 m 可取 0.45。

5.5 岩石点荷载强度各向异性指数：

(1)按式(T0225-10)计算岩石点荷载强度各向异性指数：

$$I_{a(50)} = \frac{I'_{s(50)}}{I''_{s(50)}} \tag{T0225-10}$$

式中：$I_{a(50)}$——岩石点荷载强度各向异性指数；

$I'_{s(50)}$——垂直于软弱面的岩石点荷载强度指数(MPa)；

$I''_{s(50)}$——平行于软弱面的岩石点荷载强度指数(MPa)。

(2)按式(T0225-7)、(T0225-8)方法计算的垂直和平行软弱面岩石点荷载强度指数应取平均值。平均值计算方法是：从一组有效的试验数据中，舍去最高值和最低值，再计算其余数的平均值；当一组有效数据超过 10 个时，可舍去两个高值和两个低值，再计算其余数的平均值。岩石的点荷载强度指数和点荷载强度各向异性指数试验结果分别精确至 0.01MPa 和 0.01。

5.6 试验记录

点荷载试验记录应包括岩石名称、试验编号、试件编号、试件描述、试验类型、破坏荷载、破坏特征。

条文说明

1. 根据国内外一些学者对在点荷载作用下弹性球体的应力状态的数学分析、有限单元分析及材料在点荷载作用下破坏机制的研究,得到基本一致的结果是:试样在一对点荷载作用下破坏,主要是由于加荷轴上的切向拉应力引起的,试样的破坏性质是属于拉裂。因此有可能直接用点荷载强度计算抗拉强度。

通过三维光弹试验证明,不同形状的试样在点荷载的作用下,其加荷轴附近的应力状态基本相同。这就为采用不同形状及不规则试样进行点荷载试验提供了依据。

2. 将岩石试样置于上下两个球端圆台状加荷器之间,对试样施加集中荷载,直至试样破坏,通过计算求得试样的点荷载强度,这就是点荷载试验。无论是岩芯样(径向或轴向)、切割成的方块体样或未加切割的不规则样,均可进行点荷载试验。使用携带式点荷载仪,或实验室的试验机(配备点荷载加荷装置)都可完成这种试验,故在现场和室内均可进行。

用点荷载强度预估单轴抗压强度和抗拉强度,已由大量对比试验证实是可行的。有资料表明,通常单轴抗压强度是点荷载强度的 20～25 倍,抗拉强度是点荷载强度的 1.5～3 倍。这虽然只是一种近似关系,但对于规划选点及可行性研究是能满足要求的。

因为大多数岩石具有各向异性的特点,所以测量其强度各向异性具有普遍意义。用点荷载试验测定岩石强度各向异性,比其它常规试验优越。只要分别对垂直和平行岩石的层理或各种软弱面进行试验,就可以得到岩石的最大和最小强度。岩石的各向异性程度可以用各向异性指标 $I_{a(50)}$ 来表征。$I_{a(50)}$ 等于最强与最弱方向的点荷载强度之比,即 $I_{a(50)} = I'_{s(50)}/I''_{s(50)}$。$I_{a(50)}$ 值越大,岩石的各向异性愈明显。大量试验表明,点荷载强度指数对存在于岩石中的结构面很敏感,主要表现为,在点荷载试验中,试件极易沿结构面发生破坏,哪怕加载点并未与结构面接触。因此,通过点荷载试验,可判别该岩石的强度是受岩石控制,还是受结构面控制。

3. 像所有的岩石强度那样,岩石点荷载强度也因试样的含水率不同而有变化。因此,同一组试样应保持相同的含水状态,并注明试样的储存情况,特别是试样存放的时间等。本试验要求岩芯试样每组 5～10 个;方块体或不规则体试样每组 15～20 个,如果岩石是明显各向异性的,还应再分为平行与垂直层理加荷的两个亚组,每组试样不少于 15 个,这主要是为了保证测试精度。

4. 在试验中,应注意观察和描述试样的破坏特征,例如:试样破裂面全部是新鲜平直的;全部是沿原有裂面破裂的;部分是新鲜断面,部分是原有裂面,呈拐弯状破坏等。对此,应分别进行强度统计,这有利于分析结果的代表性。

两加载点的距离的大小是影响点荷载指数的重要因素。因此,为提高各不同场合下试件结果的可比性,建议采用以直径为 50mm 的岩芯作为标准试件,从而提高点荷载强度指数的实用价值。

荷载强度试验段距离 D' 应是在破坏瞬间测量的。在对软岩进行试验时,加荷锥头常有一定的嵌入度。破坏瞬间的 D' 值,可以在试样破坏时由试验框架立柱上的标尺得到,也可以用卡尺或钢卷尺对准试样破坏面上加荷留下来的两个凹痕直接测量得到。

T 0226—1994 抗折强度试验

1 目的和适用范围

抗折强度是评价岩石板材、条石基础、条石路面等建筑材料的主要力学指标。本试验适用于各类岩石。

2 仪器设备

(1)切石机、磨石机等岩石试件加工设备。
(2)压力试验机或万能试验机。
(3)游标卡尺、角尺等。
(4)烘箱:能使温度控制在105℃～110℃范围内。

3 试件制备

用切石机、磨石机将岩石试样制成 50mm×50mm×250mm、表面平整、各边互相垂直的试件。石质均匀(无层理或纹理)者,制备6个试件,3个在温度为105℃～110℃的烘箱内烘至恒量,冷却后进行试验;3个按本规程 T 0205 进行自由饱水处理后试验。若岩石有显著纹理,则须制备与纹理垂直及平行的试件各6个,施力方向在与纹理成垂直及平行的情况下,以3个为一组,分别在干燥状态下与饱和状态下进行试验。

4 试验步骤

4.1 描述试件并编号。

4.2 测量试件中央断面的尺寸,精确至 0.1mm。

4.3 将试件放在试验机的抗折支架上,如图 T0226-1,跨径为 200mm,采用跨中单点加荷,然后开动试验机,以 15MPa/min～20MPa/min 的应力速度连续均匀地增加荷载,直至试件折断为止,记录破坏荷载并测量其断面尺寸。

5 结果整理

5.1 按式(T0226-1)计算抗折强度,试验结果精确至 0.1MPa:

$$R_b = \frac{3PL}{2bh^2} \qquad (T0226\text{-}1)$$

式中:R_b——抗折强度(MPa);
　　　P——破坏荷载(N);
　　　L——支点跨距,采用 200mm;

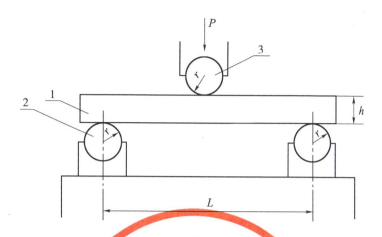

图 T0226-1 抗折装置示意图

L-试样跨度；h-试样高度；P-集中荷载；1-试样；2-下支点；3-上支点；r-支点曲率半径

b——试件断面宽(mm)；

h——试件断面高(mm)。

5.2 以3个试件的算术平均值作为试验结果，如单个值与平均值之差大于25%时，应予剔除，再计算平均值。

5.3 试验记录

抗折试验记录应包括岩石名称、试验编号、试件编号、试件描述、破坏荷载、抗折强度。

条文说明

岩石抗折强度根据工程实际需要，可选择不同形状和不同尺寸的试样进行试验，但必须根据断面形状选用相应的计算公式。国标天然饰面石材弯曲试验试件规格为长160mm，宽40mm，高20mm，跨距140mm；原地质矿产部抗折强度试件规格为长120mm，宽40mm，高20mm，跨距100mm。本试验规定试件为截面边长不小于50mm、高度与截面边长之比不小于4:1的柱体，跨距200mm。

5 耐久性试验

T 0241—1994 抗冻性试验

1 目的和适用范围

岩石的抗冻性是用来评估岩石在饱和状态下经受规定次数的冻融循环后抵抗破坏的能力,岩石抗冻性对于不同的工程环境气候有不同的要求。冻融次数规定:在严寒地区(最冷月的月平均气温低于 $-15℃$)为 25 次;在寒冷地区(最冷月的月平均气温低于 $-15℃ \sim -5℃$)为 15 次。

寒冷地区,均应采用本法进行岩石的抗冻性试验。

2 仪器设备

(1)切石机、钻石机及磨石机等岩石试件加工设备。
(2)冰箱:温度能控制在 $-15℃ \sim -20℃$。
(3)天平:感量 0.01g,称量大于 500g。
(4)放大镜。
(5)烘箱:能使温度控制在 $105℃ \sim 110℃$。

3 试件制备

3.1 试件应符合本规程 T 0221 中 3.1 的规定。

3.2 每组试件不应少于 3 个,此外再制备同样试件 3 个,用于做冻融系数试验。

4 试验步骤

4.1 将试件编号,用放大镜详细检查,并作外观描述。然后量出每个试件的尺寸,计算受压面积。将试件放入烘箱,在 $105℃ \sim 110℃$ 下烘至恒量,烘干时间一般为 $12h \sim 24h$,待在干燥器内冷却至室温后取出,立即称其质量 m_s,精确至 0.01g(以下皆同此)。

4.2 按吸水率试验方法,让试件自由吸水饱和,然后取出擦去表面水分,放在铁盘中,试件与试件之间应留有一定间距。

4.3 待冰箱温度下降到 −15℃以下时,将铁盘连同试件一起放入冰箱,并立即开始记时。冻结 4h 后取出试件,放入 20℃±5℃的水中融解 4h,如此反复冻融至规定次数为止。

4.4 每隔一定的冻融循环次数(如 10 次、15 次、25 次等)详细检查各试件有无剥落、裂缝、分层及掉角等现象,并记录检查情况。

4.5 称量冻融试验后的试件饱水质量 m'_f,再将其烘干至恒量,称其质量 m_f。并按本规程抗压强度试验方法测定冻融试验后的试件饱水抗压强度,另取 3 个未经冻融试验的试件测定其饱水抗压强度。

5 结果整理

5.1 按式(T0241-1)计算岩石冻融后的质量损失率,试验结果精确至 0.1%。

$$L = \frac{m_s - m_f}{m_s} \times 100 \quad \text{(T0241-1)}$$

式中:L——冻融后的质量损失率(%);
m_s——试验前烘干试件的质量(g);
m_f——试验后烘干试件的质量(g)。

5.2 冻融后的质量损失率取3个试件试验结果的算术平均值。

5.3 按式(T0241-2)计算岩石冻融后的吸水率,试验结果精确至 0.1%。

$$w'_{sa} = \frac{m'_f - m_f}{m_f} \times 100 \quad \text{(T0241-2)}$$

式中:w'_{sa}——岩石冻融后的吸水率(%);
m'_f——冻融试验后的试件饱水质量(g)。
其它符号同前。

5.4 按式(T0241-3)计算岩石的冻融系数,试验结果精确至 0.01。

$$K_f = \frac{R_f}{R_s} \quad \text{(T0241-3)}$$

式中:K_f——冻融系数;
R_f——经若干次冻融试验后的试件饱水抗压强度(MPa);
R_s——未经冻融试验的试件饱水抗压强度(MPa)。

5.5 试验记录

抗冻性记录应包括岩石名称、试验编号、试件编号、试件描述、冻融循环次数、冻融试验前后的烘干质量、冻融试验后的试件饱水抗压强度、未经冻融试验的试件饱水抗压强度。

条文说明

1. 岩石的抗冻性试验是指试件在浸水条件下，经多次冻结与融化交替作用后测定试件的质量损失率以及单轴饱水抗压强度的变化。岩石的抗冻性用两个直接指标表示，一个为冻融系数，另一个为质量损失率。冻融系数是冻融试验后的试件饱水抗压强度与冻融试验前的试件饱水抗压强度的比值；质量损失率是冻融试验前后的干试件质量差与冻融试验前干试件质量的比值，用百分数表示。

2. 岩石的抗冻性与其矿物成分、结构特征有关，而同岩石的吸水率指标关系更加密切。岩石的抗冻性主要取决于岩石中大开口孔隙的发育情况、亲水性和可溶性矿物的含量及矿物颗粒间的连接力。大开口孔隙越多，亲水性和可溶性矿物含量越高时，岩石的抗冻性越低；反之，越高。

3. 判断岩石抗冻性能好坏有三个指标，即（1）冻融后强度变化；（2）质量损失；（3）外形变化。一般认为，抗冻系数大于75%，质量损失率小于2%时，为抗冻性好的岩石；吸水率小于0.5%，软化系数大于0.75以及饱水系数小于0.8的岩石，具有足够的抗冻能力。对于一般公路工程，往往根据上述标准来确定是否需要进行岩石的抗冻性试验。

4. 应在每次冻融后观察和描述有无破坏现象，最后一次总检查，应着重描述剥落、裂缝和边角损坏等情况。

T 0242—1994 坚固性试验

1 目的和适用范围

坚固性试验是确定岩石试样经饱和硫酸钠溶液多次浸泡与烘干循环后而不发生显著破坏或强度降低的性能，是测定岩石抗冻性的一种简易方法。一般适用于质地坚硬的岩石。有条件者均应采用直接冻融法进行岩石的抗冻性试验。

2 仪器设备

(1) 切石机、钻石机及磨石机等岩石试件加工设备。
(2) 天平：感量0.01g，称量大于500g。
(3) 烘箱：能使温度控制在105℃～110℃。
(4) 瓷、玻璃或釉盛器：容积不小于5L。
(5) 温度计。
(6) 密度计。
(7) 放大镜、钢针等。

3 试验材料或试剂

3.1 饱和硫酸钠溶液：取约400g的无水硫酸钠（或800g的结晶硫酸钠）溶解于温度为30℃～50℃的1000mL纯净水中配制而成（溶液总需要量约等于试件体积的5倍）。其配制方法是：边加热洁净水（水温为30℃～50℃）边慢慢加入硫酸钠，并用玻璃棒不断搅拌，待硫酸钠全部溶解直至饱和并有部分结晶析出为止。让溶液冷至室温(20℃~25℃)并静置48h后待用。使用时需将溶液充分搅拌,试验过程中应保持溶液密度在1150kg/m³~1175kg/m³范围内。

3.2 10%氯化钡溶液。

4 试件制备

同 T 0221—2005 中试件制备。

5 试验步骤

5.1 将试件放入烘箱,在105℃~110℃下烘至恒量,烘干时间一般为12h~24h,取出置于干燥器内,冷却至室温,称其质量(精确至0.01g,以下皆同此)。

5.2 把烘干试件浸入装有硫酸钠溶液的盛器中,溶液应高出试件顶面2cm以上,用盖将盛器盖好,浸置20h。然后将试件取出,再用瓷皿衬住置于105℃~110℃的烘箱中烘4h。4h后取出试件,将其冷却至室温,再重新浸入硫酸钠溶液中,至硫酸钠结晶溶解后取出试件,用放大镜及钢针仔细观察岩石试件有无破坏现象,并详细描述记录。

5.3 按上述方法反复浸烘5次,最后一次循环后,用热洁净水煮洗几遍,直至将试件中硫酸钠溶液全部洗净为止。是否洗净可用10%氯化钡溶液进行检验,具体操作为:取洗试件的水若干毫升,滴入少量氯化钡溶液,如无白色沉淀,则说明硫酸钠已被洗净。将洗净的试件烘至恒量,准确称出其质量。

6 结果整理

6.1 按式(T0242-1)计算岩石的坚固性试验质量损失率,试验结果精确至0.1%。

$$Q = \frac{m_1 - m_2}{m_1} \times 100 \quad (T0242\text{-}1)$$

式中:Q——硫酸钠浸泡质量损失率(%);
m_1——试验前烘干试件的质量(g);
m_2——试验后烘干试件的质量(g)。

6.2 取3个试件试验结果的算术平均值作为测定值。

6.3 试验记录

坚固性试验记录应包括岩石名称、试验编号、试件编号、试件描述、浸烘试验次数、试验前后的干试件质量。

条文说明

1. 坚固性试验是通过浸烘循环试验后用来评估岩石抗冻性的一种简易快速测定方法。有条件者均应采用直接冻融法进行岩石的抗冻性试验。

2. 硫酸钠溶解度较小，当用热水溶解再冷却后，容易发生再结晶现象，对于饱和硫酸钠溶液更是如此，因而试验过程中注意，使用硫酸钠溶液时需重新充分搅拌。规定保持硫酸钠溶液密度在1150kg/m^3～1175kg/m^3范围内，即是要保持硫酸钠溶液是饱和状态，可用密度计来校定。

3. 根据要求，可进行更多次的浸烘循环试验，试验记录时应清楚注明浸烘循环次数。

附录 洁净水的密度(g/cm³)

温度(℃)	0.0	0.1	0.2	0.3	0.4	0.5	0.6	0.7	0.8	0.9
5	0.9999919	0.9999902	0.9999883	0.9999864	0.9999842	0.9999819	0.9999795	0.9999769	0.9999741	0.9999712
6	9681	9649	9616	9581	9544	9506	9467	9426	9384	9340
7	9295	9248	9200	9150	9099	9046	8992	8936	8879	8821
8	8762	8701	8638	8574	8509	8442	8374	8305	8234	8162
9	8088	8013	7936	7859	7780	7699	7617	7534	7450	7364
10	7277	7189	7099	7008	6915	6820	6724	6627	6529	6428
11	6328	6225	6121	6017	5911	5803	5694	5585	5473	5361
12	5247	5132	5016	4898	4780	4660	4538	4415	4291	4166
13	4040	3913	3784	3655	3524	3391	6258	3123	2987	2850
14	2712	2572	2432	2290	2147	2003	1858	1711	1564	1415
15	1265	1113	0961	0608	0653	0497	0340	0182	0023	0.9989862
16	0.9989701	0.9989538	0.9989374	0.9989209	0.9989043	0.9988876	0.9988707	0.9988538	0.9988367	8195
17	8022	7849	7673	7497	7319	7141	6961	6781	6599	6416
18	6232	6046	5861	5673	5485	5295	5105	4913	4720	4326
19	4331	4136	3938	3740	3541	3341	3140	2937	2733	2529
20	2323	2117	1909	1701	1490	1280	1068	0695	0641	0426
21	0210	0.9979993	0.9979775	0.9979556	0.9979043	0.9979114	0.9978892	0.9978669	0.9978444	0.9978219
22	0.9977993	7765	7537	7308	7077	6846	6613	6380	6145	5918
23	5674	5437	5198	4959	4718	4477	4435	3991	3717	3502
24	3256	3009	2760	2511	2261	2010	1758	1505	1250	0995
25	0739	0432	0225	0.9969966	0.9969706	0.9969445	0.9969184	0.9968921	0.9968657	0.9968393
26	0.9968128	0.9967861	0.9967594	7326	7057	6736	6515	6243	5970	5696
27	5241	5146	4869	4591	4313	4033	3753	3472	3190	2907
28	2623	2338	2052	1766	1478	1190	0901	0610	0319	0027
29	0.9959735	0.9959440	0.9959146	0.9958850	0.9958554	0.9958257	0.9957958	0.9957659	0.9957359	0.9957059
30	6756	6454	6151	5846	5541	5235	4928	4620	4312	4002
31	3692	3380	3068	2755	2442	2127	1812	1495	1178	0861
32	0542	0222	0.9949901	0.9949580	0.9949258	0.998935	0.9948612	0.9948286	0.9947961	0.9947635
33	0.9947308	0.9946980	6651	6321	5991	5660	5328	4995	4661	4327
34	3991	3655	3319	2981	2643	2303	1963	1622	1280	0938
35	0594	0251	9906	9560	9214	8867	8518	8170	7820	7470

注：数值不全者，小数点后三位数值与上一行相同。